（宋）蘇轍　撰　傅增湘　校

# 傅增湘校本欒城集

第五册

國家圖書館出版社

# 第五册目録

辭五首
上清辭　御風辭
楊樂道龍圖哀辭
劉凝之屯田哀辭
鮮于子駿諫議哀辭
詩二首
太白山祈雨詩　舜泉詩
銘二首
彭城漢祖廟試劍石銘
鳳味石硯銘
頌二首
筠州聰禪師得法頌
等軒頌

# 欒城集卷之十八

蘇文定公文集卷第十八

一葉

宋眉山蘇轍子由著　　明東吳王執禮子敬　顧天敘禮初　仝校

辭五首

御風辭　題鄭州列子祠

宋本与下上清辭先後互易

三葉

子列子行御風風起蓬蓬朝發於東海之上夕散於西海之中其徐泠然其怒勃然衝擊隙穴震蕩宇宙披拂草木奮厲江海強者必折弱者必從俄而休息天地肅然塵壒皆盡欲執而視之不可得也蓋歸於空今夫夫子晝無以食夜無以寢鄰里忽之弟子疑

之則亦鄭東野之窮人也然而徐行不見徒步疾行不見車馬與
風皆逝與風皆止旬有五日而後反此亦何功也哉子刻子曰噫
子獨不見夫衆人乎貧者菅蒲以爲廬斷柳以爲履富者伐檀以
爲輴服蒙因輈以自然以致千里此與吾初無異也而何謂不同乎苟
非其理履足以折趾車馬足以毁體萬物皆不可御也而何獨
風乎昔吾處乎蓬蓽之閒止如枯株動如槁葉居無所畱而任無
所從也有風瑟然拂吾廬而上攝衣從之一高一下一西一東前
有飛鳶後有遊鴻雲行如川杳渺陰陽變化顛倒橫從下睇
海嶽見濤聲紅蓋雜陳於吾前者不可勝窮也而吾方黜聰明遺

心胸足不知所履手不知所馮滄乎與風爲一故風不知有我而吾不知有風也蓋兩無所有譬如風中之飛蓬耳超然而上薄乎雲霄而不以爲喜也拉然而下隕乎坎井而不以爲凶也夫是以風可得而御矣今子以子爲我立乎大風之隧凜乎恐其不能勝也蹩乎恐其不能容也手將執而留之足將騰而踐之目眩耀而憂隊耳洶湧而知畏紛然自營子不自安而風始不安子躬矣子輕如鴻毛彼將以爲千石之鍾子細如一指彼將以爲十仞之墉非傾而覆之拔而投之不厭也況欲與之逍遙翱翔放於太空乎子雖蹈后土而倚嵩華亦將有時而窮矣古之至人入水而不濡

元祐二年十月奉安　神御於西京轍先告　裕陵初四日還過列子觀賦御風一篇欲書之屋壁而未暇也既還京師録呈太守觀文孫公二十三日朝奉郎中書舍人蘇轍書
宋本御風辭後有此一行

二葉

入火而不熱苟爲無心物莫吾攻也而獨疑於風乎於是客起而歎曰廣矣大矣子之道也吾未能充之矣風未可乘姑乘傳而東乎

上清辭宮在太白山同子瞻作

帝蕩蕩其無尊兮居深高乎九閽顧后土之茫昧兮若世人之觀天雲冥冥其無見兮曰其下維神姦山重深而海廣兮憂百鬼之傷人屬神媼以九土兮畀海若以九川時節降以督視兮下斗魁之神君吁嗟君兮吾不可得而訊也庸使我待之人兮其使我以爲神也朝求兮山顛夕采兮澗涘取荷華兮蔆實拾芳蘭兮白芷

鹿伎伎兮來冝魚揖揖兮趨餌秋風高而稻熟兮寒泉冽其清泚爲酒醴以跪酌兮斷白茅而爲委嗟天上其何食兮畏人君之不吾以進屏息以薦恪兮退俯傴而仰俟爲善得福兮畀惡以死恐懼受賜兮怠傲獲罪玉食有不享兮曾潰汙蕨薇之不棄謂神君之不可知兮何好惡之吾似跨脩龍之百尋兮騰怒髮而上指從千騎之飄忽兮拂長劍其天倚隕星殃於太極兮霍雲散而風靡還祕殿之清深兮目流電其不可仰覗望威神而股栗兮知其中之人耳致吾有以薦誠兮庶其可得而祀也

## 楊樂道龍圖哀辭 并敘

嘉祐五年三月轍始以選人至流內銓是時楊公樂道以天章閣待制調銓之官吏見予於稠人中曰聞子求舉直言若必無人敢願得備數轍曰唯既而至其家一見坐語如舊相識明年予登制科公以諫官爲考官祕閣又明年四月公薨方其病也予見於其寢莫然無言曰死矣將以寂滅爲樂蓋予之識公始三歲矣三歲之中不過數十見公齒甚長予甚少公已貴予方貧賤見之輒歡樂笑語終日不厭釋然忘其老且貴也蓋公死士大夫相與痛惜其不幸而予又竊有以私懷之公本河東人家世將家有功於國公始以文詞得官其後將兵於南方與蠻

戰亦有功其爲將能與士卒均勞苦飲食比其最下者而軍行
常處其先以此得其死力常學李靖兵法知其出入變化之節
其稱曰今之人才不及古人多將輒爲所昏嘗於南方以數千
卒自試自度可以復益數千人而不亂然公之與人謹畏循循
無所迕平居遇小事若不能決人皆怪其能將以破賊疑其無
以處之不知其中有甚勇者人不及也蓋其謹畏循循者所以
爲勇而人莫知之卒時年五十有六素病瘦甚羸然平居讀書
勤苦過於少年好爲詩喜大書皆可愛有子一人生始二歲將
卒名之曰祖仁既卒家無遺財以故衣斂仰於官及其友人以

七葉

葬以克養其家將以七月葬於洛陽五月其家以其柩歸作哀辭以遺其紼者歌之辭曰

嗟夫楊公歸來兮洛之上其土厚且溫生年五十九有子以祭兮何慕而不若人　天子憐爾贈金孔多兮家可以不貧平生不爲惡死而有遺愛兮雖亡則存家本將家有功而不墜兮配祖以孫爲人至此非有不足兮可以無憾而人爲悲辛嗟夫楊公歸來兮家有弱子恃爾神

劉凝之屯田哀辭 并敘

元豐三年九月辛未廬山隱君劉凝之卒于山之陽其孤格書

來赴曰君昔知吾兄旣又識吾父今不幸至於大故其爲詩使
挽者歌之以厚其葬十月乙酉葬於淸泉鄉書不時至緩不及
事乃哭而爲之辭始予自蜀遊京師識凝之長子恕道原博學
強識能通三墳五典春秋戰國歷代史記下至五代分裂皆能
言其治亂得失紀其歲月辨其氏族而正其同異上下數千歲
如指諸左右其爲人剛中少容是是非非未嘗以語假人人多
疾之翰林學士司馬公方受詔細書東觀以君爲屬公以直名
當世而君尤甚雖公亦嚴憚之士知君者曰君非獨然君父凝
之始以剛直不容於世俗棄官而歸老於盧山二十年矣君亦

非久於此者也旣而君得請以歸養其親三年得疾不起今年春予以罪謫高安過君之廬傷君之不復見拜凝之於牀下其容睟然以溫其言肅然以厲環堵蕭然饘粥以爲食而遊心塵垢之外超然無慼慼之意凜乎其非今世之士也然予之見凝之始得道士法卻五穀煮棗以爲食氣淸而色和及其沒也晨起衣冠言語如平時無疾而終予然後知君父子皆有道者然道原一斥不用遂往而不能返凝之隱居絕俗三十餘年神益彊氣益堅盡其天年物莫能傷其淸則同而其曠達自遂道原不及也辭曰

伯夷之清百世而一人兮其生也薇以爲食餓死於首陽世之士謂清不可爲兮計較得失以和爲臧信和之可以浮沉而自免兮彼爲和者何三黜之皇皇曰爲道者不與命謀兮非和實得非清實喪若凝之爲父與原之爲子兮絜廉不撓冰清而玉剛如世之言當皆折兮原何獨短凝何獨長要長短之不可以命人兮適天命之不可常惟溷濁之不可居而狷潔之難久兮吾將與凝乎同鄉

鮮于子駿諫議哀辭 并敘

中山鮮于子駿弱冠而仕老而不得志買田於陽翟蓋將終焉

元祐元年始召爲諫議大夫朝廷以得人相慶而子駿亦不敢以老爲辭意將有所建焉居數月得足疾不能造朝卽自引去得請淮陽未幾以不起聞士之識與不識皆爲之出涕夫死生得喪非子駿之憂而有志不獲爲可悲也子駿於書無所不讀而善屬文晚節爲楚詞得古之遺思其文與蜀郡文與可相上下與可沒將十年而子駿亡蜀人皆悲思之其子頡求予爲挽歌作楚辭以授之以爲子駿之意也

登嵩高兮捫天涉清潁兮波瀾中休息兮故韓有美人兮來居曳佩玉兮長裾內諒直兮外脩車還軫兮莫予留築室兮疏流植餘

將饑兮

田漫漫耕耙耙拔陳草生九穀人功盡雨則逮苗不穗莩禾米哀

太白山祈雨詩五首　同子瞻作

詩六首

有盡兮孰違心不滅兮亭亭倚嵩少兮長欷

石泉兮濯流波不妄食兮裴回莫之飽兮不飢遊於斯兮伏斯命

往奔馳命不可兮奈何號帝閽兮訴予于騫木蘭兮茹紫芝于飫

雨亦晴鳴一再兮驚人時不予兮徂征美人兮鸛長離來逡巡兮

兮蒔芳雪積兮中谷日予俟兮春暘春風至兮百鳥鳴升高不兮

山巖巖負南西嗟我民匪神依伐山木蓺稷黍求旣多訴不已猶我許兮

山爲灰石爲炭水泉沸百草爛神予我旱奪之孰爲是驕不威尚可弛兮

雷馮空雨騰淵誅孽妖反豐年顧千里瞬三日神在堂龍爲役是何惜兮

雨旣止百穀復築場壤治囷簏爲酒醴伐豚羔舞長袖擊鳴鼉匪以報兮

舜泉詩 并叙

十二葉

始余在京師遊宦貧困思歸而不能聞濟南多甘泉流水被道
蒲魚之利與東南比東方之人多稱之會其郡從事闕求而得
之旣至大旱幾歲赤地千里渠存而水亡問之其人曰城南舜
祠有二泉今竭矣越明年夏雖雨而泉不作人相與驚曰舜其
不復享耶又明年夏大雨霖麥禾薦登泉始復發民驩曰舜其
尚顧我哉泉之始發瀦爲二池釃爲石渠自東南流於西北無
不被焉灌濯播灑蒲蓮魚鼈其利滋大因爲詩使祠者歌之詩
曰
歷山嵓嵓虞舜宅焉虞舜徂矣其神在天其德在人其物在泉神

不可親德用不知有洌斯泉下民是秖泉流無疆有永我思源發于山施于北河播于中逵滙爲澄波有鼈與魚有菱與荷蘊毒是洩汙濁以流埃壒消亡風火滅收蕨木敷榮勞者所休誰爲旱災靡物不傷天地耗竭泉亦淪亡民咸不寧曰不享耶時雨旣澍百穀旣登有流泫然瀰坎而升溝洫滿盈鰕黽沸騰匪泉賓來帝賓顧余執其羔豚蘋藻是涖帝今在堂泉復如初

鳳咮石硯銘 并敘

北苑茶冠天下歲貢龍鳳團不得鳳凰山咮潭水則不成潭中石蒼黑堅緻如玉以爲研與筆墨宜世初莫識也熙寧中太原

王頤始發其妙吾兒子瞻始名之然石性薄厚者不及寸最後得此長博豐碩蓋石之傑子瞻方爲易傳日效於前與有功焉爲之銘曰

陶土塗鑿崖石玄之蠹賴之賊涵淸泉閟重谷聲如銅色如鐵性滑堅善凝墨棄不取長歎息招伏羲揖西伯發秘藏與有力非相待誰爲出

彭城漢高帝廟試劒石銘并叙

漢高皇帝廟有石高三尺寸中裂如破竹不盡者寸父老曰此帝之試劒石也熙寧十年蜀人蘇軾爲彭城守弟轍實從入

十四葉

十五葉

廟觀石而爲之銘曰

維漢之興三代無有提劒一呼豪傑犇走厥初自試山石爲剖夜斷長蛇且泣神母指麾東西秦項授首歛然三尺一夫之偶大人將之山嶽頽仆用巨物靈不復凡手武庫焚蕩帝命下取巋然斯石不尙有舊

頌二首

筠州聰禪師得法頌并叙

禪師聰公昔以講誦爲業晩遊淨慈本師之室誦南嶽思大和尙口呑三世諸佛語迷悶不能入一日爲本燒香本日吾疇昔爲汝作夢甚異汝不悟卽死不可不勉師茫然不知所謂旣而禮

十六葉

無吾字

僧伽像醒然有覺知三世可吞無疑也趨徃告本本曰向吾夢汝吞一世界一剃刀汝今日始從迷悟是始出家真吾子也乃擊鼓升座爲衆說此事聰作禮涕泣而罷聰住高安聖壽禪院予嘗從之問道聰曰吾師本公未嘗以道告人皆聽其自悟今吾亦無以告子子從不告門外而入道乃爲頌曰

道不可告告即不得以不告告是真告敕香嚴餅去得之旡礙臨濟不喻至愚而悉非愚非旡皆汝之力有不至此是非出家夢吞剃刀髮落如花遊行四方物莫能遮終亦不告獨障其邪弟子虔者如恒河沙

## 等軒頌

南豐張君家有等軒問我何者是平等法我告張君物之不齊何所不有長短大小淨穢好醜雜然前陳參差不等亂我身心耳目鼻口欲求平等了不可得忽然覺知身心本空萬物亦空諸差別相皆是虛妄無有實性孰爲不等等爲一空倘無平等何處復有不平等者遍觀萬物無等不等是謂真實平等法已

蘇文定公文集卷第十八

欒城集卷之十八終

校宋本止此
壬子十月十七日沅𠰻
原本爲蔣秀先所藏

欒城集卷之十九

宋眉山蘇轍子由著

明東吳 王執禮子敬 顧天敘禮初 仝校

新論三首

新論上

古之君子因天下之治以安其成功因天下之亂以濟其所不足不誣治以爲亂不援亂以爲治援亂以爲治是愚其君也誣治以爲亂是脅其君也愚君脅君是君子之所不忍而世俗之所儌幸也故莫若言天下之成勢請言當今之勢當今天下之事治而不

至於安亂而不至於危紀綱粗立而不舉無急變而有緩病此天下之所共知而不可欺者也然而世之言事者爲大則曰無亂爲異則曰有變以爲無亂則可以無所復爲以爲有變則其勢常至於更制是二者皆非今世之忠言至計也今世之弊患在欲治天下而不立爲治之地夫有意於爲治而無其地譬猶欲耕而無其田欲賈而無其財雖有鉏耰車馬精心強力而無所施之故古之聖人將治天下常先爲其所無有而補其所不足使天下凡可以無患而後徜徉翺翔惟其所欲爲而無所不可此所謂爲治之地也爲治之地旣立然後從其所有而施之植之以禾而生禾播之

以薮而生薮藝之以松栢梧檟叢莽樸樕無不盛茂而如意是故施之以仁義動之以禮樂安而受之而爲王齊之以刑罰作之以信義安而受之而爲霸督之以勤儉厲之以勇力安而受之而爲強國其下有其地而無以施之而猶得以安存最下者抱其所有倀倀然無地而施之撫左而右動鎮前而後起不得以安全而救患之不給故夫王霸之略富強之利是爲治之具而非爲治之地也有其地而無其具其弊不過於無功有其具而無其地吾不知其所以用之昔之君子惟其才之不同故其成功不齊然其能有立於世未始不先爲其地也古者伏羲神農黃帝既有天下則建

其父子立其君臣正其夫婦聯其兄弟殖之五種服牛乘馬作爲宮室衣服器械以利天下天下之人生有以養死有以葬歡樂有以相愛哀慼有以相弔而後伏羲神農黄帝之道得行於其間凡今世之所謂長幼之節生養之道者是上古爲治之地也至於堯舜三代之君皆因其所闕而時補之故堯命羲和曆日月以授民時舜命禹平　水土以定民居命益驅鳥獸以安民生命棄播百穀以濟民飢三代之間治其井田溝洫步畝之法比閭族黨州鄉之制夫家卒乘車馬之數冠昏喪祭之節歲時交會之禮養生送死之術所以利安其人者凡皆已定而後施其聖人之德是以施之

而無所齟齬舉今周官三百六十人之所治者皆其所以爲治之地而聖人之德不與也故周之衰也其詩曰雖無老成人尚有典刑由此言之幽厲之際天下亂矣而文武之法猶在也文武之法猶在而天下不免於亂則幽厲之所以施之者不仁也施之者不仁而遺法尚在故天下雖亂而不至於遂亡及其甚也法度大壞欲爲治者無容足之地泛泛乎如乘舟無楫而浮乎江湖幸而無振風之憂則悠然唯水之所漂東西南北非吾心也不幸而遇風則覆沒而不能止故三季之極乘之以暴君加之以虐政則天下塗地而莫之救然世之賢人起於亂亡之中將以治其國家亦必

於此焉先之齊桓用管仲辨四民之業連五家之兵卒伍整於里
軍旅整於郊相地而衰征山林川澤各致其時陵阜陸墐各均其
宜邑鄉縣屬各立其正舉齊國之地如畫一之可數於是北伐山
戎南伐楚九合諸侯存邢衛定魯之社稷西尊周室施義於天下
天下稱伯晉文反國屬其百官賦職任功輕關易道通商寬農懋
穡勸分省財足用利器明德舉善援能政平民阜財用不匱然後
入定襄王救宋衛大敗荆人於城濮追齊桓之烈天下稱之曰二
伯其後子產用之於鄭大夫種用之於越商鞅用之於秦諸葛孔
明用之於蜀王猛用之於符堅而其國皆以富强是數人者雖其

所施之不同而其所以爲地者一也夫惟其所以爲地者一也故其國皆以安存惟其所施之不同故王霸之不齊長短之不一是二者不可不察也當今之世無惑乎天下之不躋於大治而亦不陷於大亂也祖宗之法具存而不舉百姓之患略備而未極賢人君子不知尤其地之不立而罪其所施之不當種之不生而不知其無容種之地也是亦大惑而已矣且夫其不躋於大治與不陷於大亂是在治亂之間也徘徊徬徨於治亂之間而不能自立雖援之以賢才無所爲用不幸而加之以不肖天下遂敗而不可治故曰莫若先立其地其地立而天下定矣

新論中

治國而爲其地非聖人而後然也古之君子莫不皆然而其不然者則僅存之國也人之治其家也其最上者爲虞舜其次爲曾閔而其次猶得爲天下之良人其下者乃有不慈不孝置其不慈不孝蓋自其得爲良人以上至於爲舜其所以治其身上以事其父母下以化服其妻子者不同而其所以爲生者子耕于田婦織于室養其雞豚殖其菜茹無失其時以養生送死雖舜與天下之良人均也舜而不然不得以爲舜天下之人不然不得以爲良人何者是亦治家之地焉耳而至於爲國而豈獨無之昔者文王之治

岐也耕者九一故周公因之建爲步畝溝洫之制何者其所因者治世之成法也孔子之治魯也魯人獵較孔子亦獵較何者其所因者衰世之餘制也當戰國之強諸侯無道然孟子亦以爲有王者起今之諸侯不可盡誅惟教之不改而後誅之故漢之興也因秦之故而不害其爲漢唐之興也因隋之故而不害其爲唐由是觀之則夫享國之長短致化之薄厚其地能容之而不能使之也地不能使之長短薄厚然長不得地則無所效其長厚不得地則無所致其厚故夫有地而可以容有所爲者舉而就之可也當今之世祖宗之法或具存而不舉或簡略而不備具存而不舉是有地而不耕也

簡略而不備是地有所廢缺而不完也欲築室者先治其基基完以平而後加石木焉故其爲室也堅今之治天下則不然蓋嘗論之自五代以來强臣專國則天下震動而易亂自吾祖宗削而漸磨之則今世可以粗安凡今世之所恃以爲安者惟無强臣而已然恃其一之粗安也而盡忘其餘故嘗以爲當今天下有三不立由三不立故百患並起而百善並廢何者天下之吏媮墮苟且不治其事事日已敗而上不知使是一不立也天下之兵驕脆無用召募日廣而臨事不獲其力是二不立也天下之財出之有限而用之無極爲國百年而不能以富是三不立也基未平也加之以

其所欲爲是故興一事而百弊作動一役而天下困投足而遇陷穽側身而入河海平居猶懼有患而況求以馳騁於其上哉固不可矣今夫夷狄之患是中國之一病也吾欲拒之則有以爲拒之之具和之則有以爲和之之費以天下而待一國其爲有餘力也固亦宜矣而何至使天下皆被其患今也天下幸而無它患難而唯西北之爲畏然天下之力亦已困而不能支矣一歲之入不能供一歲之出是非特納賂之罪也三事不立之過也故三事立爲治之地既成賂之則爲漢文帝不賂則爲唐太宗賂與不賂非吾爲國治亂之所在也治亂之所在在乎其地之立與不立而已矣

天下之事因循而維持之以至於漸不可舉猶曰是養之未至也乘舟中流釋其檝而聽水之所之旋於洄洑格於洲浦以爲是固然也其爲無具亦已甚矣以今之時天子仁恕士大夫好善天下之風俗不至於朋黨亂正誣罔君子也世之淸議凜然在矣公卿之欲有爲以濟斯世誰有言者而曰吾有所待是徒空言非事實也故爲之說曰居之以強力發之以果敢而成之以無私夫惟有私者不可以果敢果於一不果於二天下將以爲言不果者不可以強力力雖強而輒爲多疑之所敗天下之人惟能爲是三者則足以排天下之堅強而納之於柔懦擾天下之怨怒而投之於不

敢惟不能爲是三者則足以敗天下之賢才而卒之以不能有所建是故無私而果敢果敢而強力以是三者治天下之三不立以立爲治之地爲治之地既立然後擇其所以施之天下將無所不可治

新論下

天下之未治也患三事之不立苟其既立則患其無以施之蓋君子爲國正其綱紀治其法度皆可得而知也惟其所以施之則不可得而知周公之治周也修其井田封建百辟可得而知也其所以使天下歸周者不可得而知也孔子之治魯也隳其三都誅其

亂政可得而知也其所以使羔豚不飾賈男女別於道者不可得而知也孟子之所以治邾者正其疆界五口之家桑麻雞豚必具可得而知也其所以使之至於王者不可得而知也孔子孟子之所汲汲以教人者在其不可得而知而其可得而知者不詳論也曰是有意於治者能之然而亦不可去也故其得爲是國也必舉之以爲先由是觀之治國之地聖人無之不得以施其聖然而聖人之道有所高遠而不可及者矣其於孔子之門所謂政事而冉有子路之所能者治國之地也子路曰千乘之國攝乎大國之間加之以師旅因之以饑饉由也爲之可使有勇且知方也冉有曰

方六七十如五六十求也爲之可使足民如其禮樂以俟君子是亦自以爲能爲其地而未有以施之云爾然夫子許其能之而不以爲大賢則夫子之道深矣遠矣夫子平居朝夕孜孜以教人者惟所以自修其身而其所以修其政事者未嘗言也蓋亦嘗言之矣曰謹權量審法度修廢官興滅國繼絕世舉逸民所重民食喪祭是九者凡所以爲政而未及也故繼之曰寬則得衆信則人任焉敏則有功公則說是四者所以成之焉耳其意以爲既成而後以其平居自修之身施之故記曰君子篤恭而天下平爲有此具也君子脩其身無所施之則不立治其政事無以施之則不化嘗

三代之治也天下之事無不畢舉雖後世之君猶得守其法度以爲無過惟無暴君則天下可安故伊尹之訓太甲曰從諫弗咈先民時若以爲如是而可以爲治已矣古之人言治天下若甚易然今之人以爲大言而不信不知其有此地也悲夫世之君子孜孜以修其身恭儉忠信欲以施之天下終身而不見其成則以爲古之人欺我也夫苟以爲古之人欺我雖有爲之者葢勉強而爲之也夫苟不欲而強爲之則其心益不自信而道日疎夫以不信之心行日疎之道以治無以爲地之國是以功不可成而患日至故莫若退而立其爲治之地爲治之地旣立則身脩而天下可化也

欒城集卷之十九 終

# 欒城集卷之二十

宋眉山蘇轍子由著　　明東吳王執禮子敬　顧天敘禮初　仝校

## 策問三十四首

### 殿試武舉策問一首

問王者之兵不貴詐謀奇計至於臨敵制勝良將豈可少哉朕以天下爲度懷柔四夷而西戎背誕腰領未得凡吾接之以恩信懷之以禮義者固有道矣若夫示之以形禁之以勢使之望而不敢犯犯而無所得者其術何由伐其謀散其黨使之退而不得安安

而不能久者其道何以夫隱兵於民井田之舊法也材官府兵猶行於後世而保甲之復民以爲勞以車卽戰邛甸之遺制也武剛鹿角猶見於近事而車牛之役世以爲非古者兵有奇正旋相爲用如環之無端其出入之法今幾絕矣敵有陰陽客主異宜易之則敗其先後之節將何施焉淮陰之伐趙勝亦幸耳使左車之說行則計將安出仲達之卻蜀非其功也使孔明而不死則勝將孰在子大夫講於兵家之利而明於當世之務審矣其以所聞著之于篇朕將覽焉

南省進士策問一首

問三代漢唐之法行於前世而施之於今輙以不效何也昔者蓋嘗取經界之舊法以爲方田采府衛之遺意以爲鄉兵舉黜陟之墜典以爲考課矣然而爲方田則民擾而不安爲鄉兵則民勞而無益爲考課則吏欺而難信三者適所以爲患不若其已也孟子有言爲高必因丘陵爲下必因川澤爲政必因先王之道凡今世之法駸駸近古矣政之近古天下之所以治也然而如彼三者獨何哉豈古之法遂不可施之於今歟抑亦救之不自其本爲之不得其道以至於此也

河南府進士策問三首

問法立於上則俗成於下故兩漢之間經各有師師各有說異師
殊說相攻如仇讎異已者雖善不從同已者雖惡不棄下逮魏晉
爭者少止然後學者相與推究衆說從其所長至唐而傳疏之學
具由是學者始會於一數百年之間凡所以經世之用君臣父子
之義禮樂刑政之本何所不取於此然而窮理不深而講道不切
學者因其成又而師之以爲足矣是以間者立取士之法使人通
一經而說不必舊法既立矣俗必自此而變蓋將人自爲說而守
之耶則兩漢之俗是矣將舉天下而宗一說耶則自唐以來傳疏
之學是矣夫上能立法以救弊而已成其俗者必在於士將使二

弊不作其將何處而可哉

問三代之治以禮樂爲本刑政爲末後世反之儒者言禮樂之效與刑政之弊其相去甚遠然較其治亂盛衰其比後世若無以大相過者蓋夏后氏自禹再傳而失國亂者三世商人再衰而復興周人一遷而不振其賢於漢唐其實無幾至於漢文帝唐太宗克已裕人海內安樂雖三代之盛王何以加之夫禮樂刑政其功之異豈特如此而已今自祖宗創業百有餘年法令脩明上下相維四方無虞求之前世未有治安若今之久者然而儒者論其禮樂常以爲不若三代此爲誠不若耶爲習其名而未稽其實也不然

世之治安則不在禮樂歟宜一有以斷之

問孟子言五畝之宅植之以桑則五十者可以衣帛雞豚狗彘無失其時則七十者可以食肉數罟不入洿池則魚鼈不可勝食斧斤以時入山林則材木不可勝用誠哉是言也雖然孟子將何以行之豈將立法設禁以驅之歟夫立法設禁而無刑以待之則令而不行有刑以待之則彼亦何罪詢言孟子將何以行此

私試進士策問二十八首

問昔者承五代之亂天下學者凋喪而仕者益寡雖有美才良士猶溺於耕田養生之樂不肯棄其鄉閭而効力於官事當此之時

至調富民而爲官夫豈不甚病之矣哉及天下大定學者漸已尊
顯勤勞勸誘數十年之間而後士人彷徉繼起則天下之官爲之
盡滿而無所置之是以頃者立任子之限減進士之額繩以苛法
抑以細過使之久而不調然後官吏歲以漸減凡今一歲之調蓋
不足以償其休老物故者然則數十歲之後無乃將復有向者乏
人之患歟夫古之聖人惟能於其未然而預防之故無後憂昔者
惟不能於其至少之時而爲其過多之慮是以惟務進之而有今
日之弊夫民惟其誘而進之則進而不知休抑而排之則無聊而
引去天下要亦有不潔不屑之士不可恃爵禄之利以爲可以必

致也故願於其未然而求其所以進之而可以使令無冗員之弊退之而可以使後無之人之患者此亦天下之深慮也

問學者之論周禮或以爲周公之書或以爲戰國陰謀之書二者孰爲得之今觀其書亦有所不知者二焉夫公邑爲井田而鄉遂爲溝洫此二者一夫而受田百畝五口而一夫爲役百畝而稅之十一舉無以異也然而井田自一井而上至於一同而方百里其所以通水之利者溝洫澮三溝洫之制至於萬夫爲地三十三里有半其所以通水之利者遂溝洫澮川五夫利害同而法制異爲地少而用力博此其所未知者一也五家爲比比有比長五比爲

閭閭有閭胥四閭爲族族有族師五族爲黨黨有黨正五黨爲州州有州長五州爲鄉鄉有一正卿及有軍旅之事則以比長爲伍長閭胥爲兩司馬族師爲卒長黨正爲旅師州長爲師帥鄉卿爲將軍故凡官之在鄉者軍一起而皆在軍矣起軍之法自五口以上家以一人爲兵一人爲役而家之處者甚衆而官吏舉皆在外將誰使治之此其不可知者二也故願與學者究之

問學者莫不求學孔子今考於傳記而觀其行事蓋有所不通者焉語曰佛肸召子欲往又曰子見南子子路不說學者以爲孔子急於行道而爲此夫孔子之於衛靈公語及兵事不說而去於陽

貨時其亡而見之蓋亦不欲見也而孟子亦云惡夫枉尺而直尋者然則彼二事者獨何歟至於仕魯爲司寇從而祭膰肉不至不稅冕而行且夫仕而至於司寇君臣之義不爲淺矣膰肉不至而行何其輕君臣之義而重區區之微禮哉此明於輕重者之所不爲也或曰膰肉不至仲尼以爲禮將從此而大壞此所謂知幾者夫爲大臣知禮之將亡不救而去則又安用夫大臣者故此將有微眇難見之意而世或未之思焉學者所宜辨之

問古之爲國者必有所尚夏忠商質而周文儒者以爲此三者如循環百世而無窮然則今世之所尚者何耶夫不必聖人而後有

所尚然則今世之所尚者其以爲忠耶則小民多詐而爭訟並起非所以爲忠也以爲質耶則金玉錦繡不爲之節而文詞熾於天下非所以爲質也以爲文耶則禮樂不備冠昏喪祭之義至爲淺薄非所以爲文也然則今世其無所尚耶蓋亦有之而未之見耶其果有之也則亦可用耶不可用耶其明著其說

問古之學者其爲學必遲而信道必篤蓋非其遲則不能至於篤也故子夏之門人始於洒掃應對進退而孟子亦云君子之於道欲其自得自得之則資之深資之深則取之左右逢其原夫待其自得也非久而何昔者孔子五十而後學易方今薄才下士之所

謂甚遲而可怪者也故夫當今之世無惑乎其無信道之士也古之養士者莫善於太學而今太學之教一日之所爲必若干取方册之難知者而悉論之不待其問而先告之無先後無少長無賢愚其問同而其功等其上者無以優游翱翔以寛綽其心而其下者勉强困躓不暇於爲善故其學也必速而守道必不篤何者非其自得之也夫人之才譬如草木焉雨以濡之風以動之則其長也可立而待有宋人焉揠之而自以爲喜此孟子所以太息其不知學也然而寛以待之則太學之法將必有所大變而後可變法者不可不預立其說也

問古者禮備而費少今者費愈多而禮愈闕古者七世之廟分而爲七今者七世之廟合而爲一古者一歲大祭天者四五歲大祭宗廟者再今者三歲迭用其一而略其餘古者命士以上皆有廟今至於公卿大夫無之古者天子五載一巡守遠者十二年一巡守今者非郊祀校獵不出於郊以今之至簡省也而財至於不給則古之甚繁者宜其無以共之然以古之甚繁而不至於大費則今之簡省而至於不給者何也凡今之人皆以費故棄先王之禮是以禮日益壞以爲今之世有周公仲尼其將亦畏費而止歟其將亦略備其禮而不至於大費歟然而今之所以至於大費而不

可省者或亦有故也其思所以省之而無害之說而著于篇

問茶之有權與稅非古也特就其便於今者言之有以爲權便曰凡所以備邊養兵者皆出於權然江淮之間以私茶死者不可勝計此則仁人之所不忍爲也而何便於權以稅爲便則夫邊鄙兵革之用將何以共之且夫稅之入其不足以當權之利亦易見矣而特以不忍驅民而納之陷穽是以去權而爲稅今欲復反其舊冒行殺人之害而就夫區區養兵之利則何以爲仁求以生民而國用至於困乏則何以爲智蓋將以生民而富國兼收仁智之實而並享之者必將有說也

聞君子能盡人之情而不能盡物之變盡物之變惟精者能之古之君子專一而無侈心是以益治鳥獸棄治稼穡夔治鐘磬羲和治歷皆以聰明睿智之才而盡力於一物終其身而不去至於後世官者至以爲氏故當此之時天下之事無不畢舉今者四方既平非有勤勞難治之政而當世之務每每廢墜而不理蓋鐘律之不和河之不循道此一二事者百有餘年而莫有能辨之者是豈非務於速進而恥以一物自盡之過歟夫古之君子往往老於小官終身而不厭則上之所以使之者誠有道也安得斯道而由之以使斯人之復如古也

問今世法唐以爲治上自百官刑法禮儀下至州郡兵民賦役要之以唐爲準譬如商之於夏周之於商事無不考焉者然天下之廣方制萬里夷狄不作兵革不用四方之貢不絶於道路而國用常苦於不足唐自天寶以來府衛之兵廢租庸之法壞收茶鹽榷酒酤其法與今略等然而天下分裂天子之地至少征伐相繼而起而憲文武宣之世方鎮稍定則財用未嘗有所匱乏與今世無異至於齊蔡三晉各以數州之地養數萬之兵內以抗衡京師外以備禦鄰敵綽然有餘亦不如今之將帥仰給於大農也夫法與唐類地多於唐費用不若唐之多而府庫之蓄無以大相過者何

也其必有能辨之

問方今天下患於兵多故銷兵之說人人知之然獨未覩夫兵少之爲患也方今天下患於財少故求財之術人人講之然獨未覩夫多財之爲累也夫銷兵之患有甚於兵多而多財之累有甚於財少衆人知目前之利而不爲歲月之計故儒者非之儒者操根本之論而不救急切之害故衆人遲之今將救目前之病使兵多財少之患去全歲月之計使兵少財多之獘不見其將何道而可

問舜受天下於堯故郊嚳宗堯不敢廢堯之祀禹受天下於舜而其郊宗皆其祖考夫推舜之心以及於禹則禹必將兼祀堯舜而

後可今也不然不獨廢堯而且忘舜何也夫受其成業而黜其祀

雖少恩者不爲而謂禹行之乎其故安在

問古之言治者必曰禮樂禮樂之於人譬如飲食未有一日而不相從者故士之閑居無故不去琴瑟行則有佩玉之音登車則有和鸞之節身蹈於禮而耳屬於樂如此而後邪辟不至蓋自秦漢以來士大夫不師古始然其朝廷鄉黨之間起居飲食之際亦未嘗無禮而樂獨盡廢士有終年未嘗聞樂而不知其非者於是有以疑樂之可去而以古人爲非矣不然請言樂之不立而士之不如古者安在

問西漢自孝武之後崇尚儒術至於哀平百餘年間士之以儒生進用功業志氣可紀於世者不過三四而武夫文吏皆著節當世其業與儒者遠甚及至東漢雖光武兵革之後而儒者遂顯其後世道凌遲其所以扶危持顛皆出於學者而他人不與夫兩漢之用儒其實無以相過而士之優劣相遠如此何也

問古者建國設官分職以爲政本近代因循雜亂無復統紀朝廷深惟其弊推本宗周旁摭宇文氏以易其制惟周官分建六職各帥其屬以治百事仰以奉天地鬼神外以御諸侯四夷下以治士農工商至於草木鳥獸無不咸在可謂備矣宇文氏雖參考其舊

以命庶工而典籍亡逸不可究知其兵戎之官多設於六卿之外今將遠法宗周則宇文之遺法固將在所去取然則凡官之以武事設者當領於六官耶其亦將特設而後可也

問周官三百六十所以治王之畿內也其畿外諸侯國自有官大國三卿次國二卿小國一卿亦皆有屬以治其事是以六官之屬足以治畿內而止矣今四方郡縣自一介之吏皆命於朝廷則六官之外 羨吏以典其職以階易官蓋出於此然而設階之法始於散官而散官之興近自魏晉因魏晉之遺俗以間三代之舊典竊以為未盡也其將何脩而後可以復三代之故也哉

問古者取士於鄉而養之於學觀其德行道藝而進之以官故其得人也全今也雖鄉取而學養之然其試之也獨取其藝而德行之舉不復並立凡今之士雖有內懷德義而無藝以自將則不免廢於有司故其得人也偏今將略其藝文而取其行義凡科舉之法所以杜請謁而絕情故者一切盡廢則奔競朋黨之風必扇於下豈古之學校遂不可復耶其具論之於篇

問古者兵出於民而兵戰以車車馬介冑皆民力也民之於兵可謂勞矣三時務農一時講武鋤耰錢鎛之人而驅之以干戈之事民之於兵可謂疎矣然而古者以甚勞之民用至疎之兵而民以

爲安四夷賓服其故何也近世兵民旣分凡兵之器用皆給於官旦暮教戰不擇四時民可謂逸而兵可謂習矣然其所以安萬民而威四夷者亦何以遠過於古若夫正兵旣練而又兼連伍保之兵民兵旣設而不試以征伐之事此又今世之新意其所以勤兵裕民者可謂至矣至於異同得失之辨其詳著於篇

問古者爲貨泉以權物之輕重今所在鑄錢數日益多制日益小可謂錢輕矣然而金帛米粟賈日益賤而錢之行於市者日益少有錢重之弊夫當重者反輕而當輕者反重其說安在將救其失其術何以

問孔子與老子同時孔子以禮樂教人而老子以清淨無爲爲宗孔子蓋嘗問禮於老子未可一言非之者夫孔老豈同道者哉後世孟軻韓愈皆學於孔子然孟子之於楊朱墨翟韓子之於浮屠氏皆訟言攻之嫉之如仇讎夫韓孟之賢不過於孔子而楊朱浮屠之害無異於老子或釋而不問或排而不置其說安在

問漢武帝攘御四夷拓地千里後世賴以爲強唐太宗誅滅胡虜兵不折北民不告病用兵之利前世無與爲比然而武帝之治安不若文景之多而太宗之功無補中國之治亂是以儒者終莫之善也夫儒者之說勝則帝王之武功沒世而無聞不世之功成則

中國先受其害二者不可合并然高宗之伐鬼方文王之征玁狁

聖人有所不免則武帝太宗之功業其終不善於儒者何也

問河之爲害遠矣自漢已來東決則盡太山之麓西決則盡西山

之趾凡二山之間數千里之地耶陵險阻河皆堙而平之存者無

幾矣蓋禹之治水也以爲河所從來者高水湍悍難以行平地數

爲敗乃廝二渠以引其河自二渠之廢而河乃恣行不可備禦夫

河決不東則西豫以二渠待之則雖決而有以受之乃不爲害此

乃聖人之遺跡也今將訪而復之以待河之暴其可否何說

問韓非明老子而以刑名游說諸侯李斯師孫卿而以詐力事秦

至於焚詩書殺儒士其終皆陷於大戮原其所學皆本於聖人而其所施設則鄉黨之士所不忍為夫豈其學有以致之歟蓋老子孫卿其教之善雖弊不至於敗亂天下然則二子之學其所以先之而至此者何也學之不詳毫釐之差或致千里學士大夫可不辨之乎

問堯舜之德盛矣然孔子稱周監於二代郁郁乎文哉何者世相近事相若而人情未遠也儒者常稱二帝三代雖其道德之隆世世師之至於禮樂刑政將以施之今世亦已難矣今自五代以上其文物政事之備未有若隋唐之善者自祖宗以來采前世之舊

而施之於時亦未有若隋唐之多者也然其或因或革而當否存焉蓋亦有時異事異久遠而不可復者歟其亦有因習俗而重改作可復而未暇者歟其相與講習而著其宜焉

問古者有罪不免於刑失誤有贖親賢有議眚災有赦未聞有赦天下者也自漢以來赦始及天下而言政者病之蓋成周之隆成康之際刑措不用而漢孝文唐太宗之盛天下斷獄歲不過數十當此之時雖有赦何所施之後世法令滋章而姦宄不禁刑之不能止而赦之不能救數赦則民玩於法而不赦則上所不忍其將何施而可

問三代以田養民而取之以什一其民盡力於耕則足以自養上之人以時平其政令而民受其賜既已厚矣自戰國之禍田制既壞賦法隨弊天下之民仰困於租稅而俯困於兼并其害不可言矣是以漢自文景以來賜民田租孝弟力田鰥寡孤獨金帛布絮之奉歲時不絕考之於古則所謂惠而不知爲政者也然自漢氏絕而復興其民思之不忘其恩澤之結於民豈不至哉惟三代仁政其紀綱法度既不可遽復而漢室賜予之惠府庫之積力有所不逮然則將以厚民其術安在

問三代聖人以禮樂治天下動容貌出詞氣逡巡廟堂之上而諸

侯承德四夷向風何其盛哉至其後世稍衰桓文迭興而維持之要之以盟會齊之以征伐旣已卑矣然春秋之後吳越放恣繼之以田常三晉之亂天下遂爲戰國君臣之間非詐不言非力不用相與爲盜跖之行猶恐不勝雖桓文之事且不行矣而况於文武成康之舊歟及秦并天下風俗日惡不可復改雖漢唐之隆格之以商周之盛葢已愧矣夫三代之間其民更桀紂之禍與戰國何異然聖人一出禮義復興天下和洽不若後世寂寥無聞獨何故歟豈帝王之道古今一變遂不可復反乎不然何漢唐之陋如此

問秦滅經籍漢興易詩書禮春秋復存而樂遂喪然自孔子弟子

散亡天下學者爭立異說各尊所聞以相攻而聖人之道日以湮沒頃者朝廷患之掃除傳疏而著以新說天下庶幾由此以識聖人之遺意然易詩書禮皆立學官春秋雖不用而其書亦不廢惟大樂淪棄漫滅無文無所考信嗚呼士生於今去聖久遠師法不傳幸明天子慨然深愍遺墜而興之而六經不備豈不闕甚矣哉意者求之宅書推其端而究其末引而伸之猶可得而觀也請誦其所取焉

問漢收河南地兵不再駕唐復河隴未嘗用兵今朝廷兵甲之精卒伍之練蓋近世所未有也是以收洮泯略蘭會大功既遂四夷

震疊有志之士蓋已心馳於燕薊之北矣夫能稼而能穡所以爲良農也能獲而能烹所以爲善獵也故夫拓國而安邊漢唐之間必有良策焉其試言之

私試武學策問二首

問古之善戰者必以兩擊一旣爲之正又爲之奇故我之受敵者一而敵之受敵者二我一而敵二則我佚而敵勞以佚擊勞故曰三軍之眾可以使之必受敵而無敗自唐季以來古之陣法遺散而不講今世用兵之將置陣而不知奇正夫置陣而不知奇正猶作樂而不用五聲饎食而不用五味宮竭而商不繼甘窮而酸不

輔一變而盡矣不可復用也今將推古法求奇正之意而施之行陣其亦可得歟兵法曰先出合戰爲正後出爲奇又曰奇亦爲正之正而正亦爲奇之奇所謂奇正者將合爲一陣歟將離爲二陣歟學者所宜辨之

問古稱淮陰侯善用兵然觀其所以勝者亦若有天幸焉淮陰之攻趙也廣武君請以輕兵絕其饟道而堅壁以老其師其攻齊也人或說龍且以相持不戰而陰招齊之亡城此二計者淮陰實難之幸其計之不用是以能克然而使此計誠行淮陰豈坐受縛者耶其必有以待之請言其說

以上奏議本節去

書

上神宗皇帝書

據宋本國朝諸臣奏議校

臣官至疏賤朝廷之事非所得言然竊自惟雖其勢不當進言至於報國之義猶有可得言者昔仁宗親策直言之士臣以不識忌諱得罪於有司仁宗哀其狂愚力排羣議使臣得不遂棄於世臣之感激思有以報爲日久矣今者陛下以聖德臨御天下將大有爲以濟斯世而臣材力駑下無以自效竊聽之道路得其一二思致之左右苟懲創前事不復以聞則其思報之誠沒世而不能自達是以輒發其狂言而不知止臣聞善爲國者必有先後之次自

其所當先者爲之則其後必舉自其所當後者爲之則先後並廢書曰欲登高必自下欲陟遐必自邇世未有不自下而能高不自近而能遠者然世之人常鄙其下而厭其近務先從事於高遠不知其不可得也詩曰無田甫田維莠驕驕無思遠人勞心忉忉以爲田甫田而力不給則田莠而不治不若不田也思遠人而德不足則心勞而無獲不若不思也欲田甫田則必自其小者始小者之有餘而甫田可啟矣欲來遠人則必自其近者始近者之既服而遠人自至矣苟由其道其勢可以自得苟不由其道雖彊求而不獲也臣愚不肖蓋嘗試妄論今世先後之宜而竊觀陛下設施

歷月踰時而其變不止此臣所以日夜思念而不遑寢處其先後之
以遹治之路從變權衡川原霣裂江河湧沸人民流離災火繼作
歷年於茲而治不加進天下之弊日益於前世天下之人未知所
之以求治之心循之於事宜無爲而不成無欲而不遂今也爲圖
曠世而不能有一焉者陛下一日兼而有之奈夫以天縱之姿濟
文足以經治武足以制斷重之以勤學加之以恭儉凡古之帝王
陛下深言之伏惟陛下即位以來躬親庶政聰明睿智博達宏辯
臣非敢以爲信然也特其所見有近於是者是以因其近似而爲
之萬一以爲所當先者夫在於不爲而所當後者夫在於太早然

次有所未得者也夫今世之患莫急於無財而已財者爲國之命而萬事之本國之所以存亡事之所以成敗常必由之昔趙充國論備邊之計以爲湟中穀斛八錢糴三百萬斛羌人不敢動矣諸葛亮用兵如神而以糧道不繼屢出無功由是觀之苟無其財雖有聖賢不能自致於跬步苟有其財雖庸人可以一日而千里陛下頃以西夏不臣赫然發憤建用兵之策招來横山之民將奪其險阻破壞其國而後已方是之時夏人殘虐失衆横山之民厭苦思漢而又乘其荐饑苟加之以兵此非計之失者也然而沿邊無數月之糧關中無終歲之儲而所興之役有莫大之費陛下方且

泰然不以爲憂以爲萬舉而有萬全之功既而邊臣失律先事輕發亦既入踐其國係虜其民矣然而陛下得其地而不敢收獲其人而不敢臣雖有成功而不能繼也其終卒致於廢黜謀臣而講和好夫陛下謀之於朞年之前而罷之於既發之後豈以爲是失當而悔之哉誠無財以繼其後爾且夫財之不足是爲國之先務也至於鞭笞四夷臣服異類是極治之餘功而太平之粉飾也然今且先之此臣所以知其先後之次有所未得者也今者陛下懲前事之失出祕府之財徙內郡之租賦督轉漕之吏使備沿邊三歲之畜臣以此疑陛下之有意乎財矣然猶以爲未也何者秘府

之財不可多取而內郡之民不可重困可以紓目前之患而未可以爲長久之計此臣所以求效其區區而不能自已也蓋善爲國者不然知財之最急而萬物賴焉故常使財勝其事而事不勝財然後財不可盡而事無不濟財者車馬也事者其所載物也載物者常使馬輕其車車輕其物馬有餘力車有餘量然後可以涉塗泥而車不僨登坂險而馬不躓今也四方之財莫不盡取民力屈矣而上用不足平居惴惴僅能以自足而事變之生復不可料譬如弊車羸馬而引丘山之載幸而無虞猶恐不能勝不幸而有陰雨之變陵谷之險其患必有不可知者故臣深思極慮以爲方今

之計莫如豐財然臣所謂豐財者非求財而益之也去事之所以害財者而已矣夫使事之害財者盡去雖求財而益之財愈不足使事之害財者盡去雖不求豐財然而求財之不豐亦不得也故臣謹爲陛下言事之害財者三一曰冗吏二曰冗兵三曰冗費冗吏之說曰請原古之所以置吏之意有是民也而後有是官有是官也而後有是吏量民而置官量官而求吏其本凡以爲民而已是以古者即其官以取人郡縣之職缺而取之於民府寺之屬缺而取之於郡縣出以爲守令入以爲卿相出入相受中外相貫一人去之一人補之其勢不容有冗食之吏近世以來取人不由其

官士之來者無窮而官有限極於是兼守判知之法生而官法始壞浸淫分散不復其舊是以吏多於上而士多於下上下相窒譬如決水於不流之澤前者未盡來者巳至填壝充滿一陷於其中而不能出故布衣之士多方以求官巳仕之吏多方以求進下慕其上後慕其前不愧詐僞不恥爭奪禮義消亡風俗敗壞勢之窮極遂至於此夫人情紓則樂易樂易則有所不爲窘則濾亂濾亂則無所不至今使衆人相與皆出於隘足履相躡肩肘相逮傍徨而不得進又將禁其奔走而爭先者苟將禁之則莫如止來者而闒其隘今也毆市人而納之不勝其多也設險於中塗而艱難之

是以法愈設而爭愈甚惟陛下以時救之下哀痛之書明告天下以吏多之故與之更立三法其一使進士諸科增年而後舉其額不增累舉多者無推恩其說曰凡今之所以至於不可勝數者以其取之之多也古之人其擇吏也甚精人知吏之不可以妄求故不敢輕爲士爲士者皆其修潔之人也今世之取人誦文書習程課未有不可爲吏者也其求之不難而得之甚樂是以羣起而趨之凡今農工商賈之家未有不捨其舊而爲士者也爲士者日多然而天下益以不治舉今世所謂居家不事生產仰不養父母俯不恤妻子浮游四方侵擾州縣造作誹謗者農工商賈不與也祖

宗之世士之多少其比於今不能一二也然其削平僭亂創制立法功業卓然見於後世今世之士不敢望其萬一也士之多不及於今世而功則過之無足怪者取之至少則人不敢輕爲士其所取者皆州郡之選人也故爲是法使人知上意之所向十年之後無實之士將不黜而自減且夫設科以待天下之士蓋將使其才者得之不才者不可得也吾則取之而彼則不能得猶曰雖不能得而累舉多者必取無棄則是以官狗人也且累舉之士類非少年矣耳目昏塞筋力疲劬而後得之數日而計之知其不能有所及也則其爲政無所賴矣今有人畜牛羊而求牧旣取其壯者矣

取其老者取其壯者曰吾取其力也取其老者曰吾憐其老也如憐其老而已則曷爲以累牛羊哉苟誠以爲有遺才焉則今所謂遺逸之書有以收之矣其二使官至於任子者任其子之爲後者世世祿仕於朝襲簪紱而守祭祀可以無憾矣然而爲是法也則必始於二府法行於賤而屈於貴天下將不服天下不服而求法之行不可得也蓋矯失以救患者必有所過而後濟臣非不知二府之不可以齒廢官也其三使百司各損其職掌而多其出職之歲月其說曰百司臣不得而盡詳也請言其尤甚者莫如三司三司之吏世以爲多而不可損何也國計重而簿書衆也臣以爲不

然主大計者必執簡以御繁以簡自處而以繁寄人以簡自處則心不可亂心不可亂則利至而必知害至而必察以繁寄人則事有所分事有所分則毫末不遺而情僞必見今則不然舉四海之大而一毫之用必會於三司故三司者案牘之委也案牘既積則吏不得不多案牘積而吏多則欺之者衆雖有大利害不能察也夫天下之財下自郡縣而至於轉運轉運相鉤較足以爲不失矣然世常以轉運使爲不可獨信故必至於三司而後已夫苟轉運使之不可獨信而必三司之可任則三司未有不責成於吏者豈三司之吏則重於轉運使歟故臣以爲天下之財其詳可分於轉運

使而使三司歲攬其綱目既使之得優游以治財貨之源又可類
損其吏以絶亂法之弊苟三司猶可損也而百司可見矣然此三
法者皆世之謂拂世戾俗召怨而速謗者也今且將行之臣非敢
犯衆人之怒而行此危事也以爲有可行之道焉何者自臺省六
品諸司五品一郊而任一人自兩制以上一歲而任一人此祖宗
百年之法相承而不變者也而仁宗之世則損之三載而考績無
罪者遷其官自唐以來亦未始有變者也而英宗之世則增之此
二者夫豈便於世俗哉然而莫敢怨者以爲吏多而欲損者天下
之公義其不欲者天下之私計也以私計而怨公議其爲怨也不

直矣是以善爲國者循理而不䘏怨非不䘏怨知其無能爲也且今此三法者固未嘗行也然而天下亦不免於怨何者士之出身爲吏者捐其生業棄其田里以盡力於王事而今也以吏多之故故積勞者久而不得遷去官者久而不得調又多爲條約以沮格之減罷其舉官破壞其考第使之窮窘無聊求進而不遂此其爲怨豈減於布衣之士哉均之爲怨皆將不免然使新進之士日益多國力匱竭而不能支十年之後其患必有不可勝言者故臣願陛下親斷而力行之苟日增之吏漸於衰少則臣又將有以治其舊吏使諸道職司每歲終任其所部郡守監郡各任其屬曰自今

以東未有以私罪至某贓罪正入已至若干者二者皆自上鈞其輕重而裁之已而以他事發則與之同罪雖去官與赦不降也夫以私罪至某贓罪正入已至若干其爲惡也著矣而上不察則上之不明亦可知矣故雖與之同罪而不過今世之法任人者任其終身苟其有罪終身鈞坐之夫任人之終身任其未然之不可知者也任人之歲終而無過任其已然之可知者也臣請得以較之任其未然之不可知雖聖人有所不能任其已然之可知雖衆人能之今也任之以聖人之所不能既不敢辭矣而況任之以衆人之所能顧不可哉且按察之吏則亦不患其不知也患其知而未

必皆按曰是無損於我而徒以爲怨云爾今使其罪及之其勢將無所不問陛下誠能擇奉公疾惡之臣而使行之陛下厲精而察之去民之患如除腹心之疾則其以私罪至某贓罪正入已至若干者非復過誤適陷於深文者也苟遂放歸終身不齒使姦吏有所懲則冗吏之弊可去矣冗兵之說曰臣聞國朝創業之初四方割據中國地狹兵革至少其後蕩滅諸國拓地旣廣兵亦隨衆雍熙之間天下之兵僅三十萬方此之時屯戍征討百役並作而兵力不屈未嘗有兵少之患也自咸平景德以來契丹內侵繼遷叛逆每有警急將帥不問得失輒請益兵於是召募日增而兵額之

多遂倍前世其後寶元慶曆之間元昊竊發復使諸道點民爲兵

而沿邊所屯至七八十萬自是天下遂以百萬爲額雖復近歲無事而關中之兵至於二十八萬舉雍熙天下之衆適以備方今關中一隅之用兵多之甚於此見矣然臣聞方今宿遷之兵分隷堡障戰兵統於將帥者其實無幾每一見賊賊兵常多我兵常少衆寡不敵每戰輒敗往者將帥失利未有不以此自解者也

太祖宗之兵至少而常若有餘今世之兵至多而常患於不足此二者不可不察也兵法有之曰興師十萬出征千里百姓之費公家之奉日費千金内外騷動怠於道路者七十萬家而愛爵祿百金不能

知敵之情者不仁之至也故三軍之事莫親於間賞莫重於間間者三軍之司命也臣竊惟祖宗用兵至於以少爲多而今世用兵至於以多爲少得失之原皆出於此何以言之臣聞太祖用李漢超馬仁瑀韓令坤賀惟忠何繼筠等五人使備契丹用郭進武守琪李謙溥李繼勳等四人使備河東用趙贊姚內斌董遵誨王彥升馮繼業等五人使備西羌皆厚之以關市之征饒之以金帛之賜其家屬之在京師者仰給於縣官貿易之在道路者不問其商稅故此十四人者皆富厚有餘其視棄財如棄糞土賙人之急如恐不及是以死力之士貪其金錢捐軀命冒患難深入敵國刺其

陰計而效之至於飲食動靜無不畢見每有入寇輒先知之故其所備者寡而兵力不分敵之至者舉皆無得而有喪是以當此之時備邊之兵多者不過萬人少者五六千人以天下之大而三十萬兵足爲之用今則不然一錢以上皆籍於三司有敢擅用謂之自盜而所謂公使錢多者不過數千緡百須在焉而監司又伺其出入而繩之以法至於用間則曰官給茶綵夫百餠之茶數束之綵其不足以易人之死也明矣是以今之爲間者皆不足恃聽傳聞之言採疑似之事其行不過於出境而所聞不過於熟戶苟有藉口以欺其將帥則止矣非有能知敵之至情者也敵之至情既

不可得而知故常多屯兵以備不意之患以百萬之衆而常患於不足由此故也陛下何不權其輕重而計其利害夫關市之征比於茶緑則多而三十萬人之奉比於百萬則約衆人知目前之害而不知歲月之病平居不忍棄關市之征以與人至於百萬則恬而不知怪昔太祖起於布衣百戰以定天下軍旅之事其思之也詳其思之也熟矣故臣願陛下復修其成法擇任將帥而厚之以財使多養間諜之士以為耳目耳目既明雖有彊敵而不敢輒近則雖雍熙之兵可以足用於今世陛下誠重難之臣請陳其可減之實何者今世之彊兵莫如沿邊之土人而今世之惰兵莫如內

郡之禁旅其名愈高其廩愈厚其廩愈厚其材愈薄往者西邊用兵禁軍不堪其役死者不可勝計羌人每出聞多禁軍輒舉手相賀聞多土兵輒相戒不敢輕犯以實較之土兵一人其材力足以當禁軍三人禁軍一人其廩給足以贍土兵三人使禁軍萬人在邊其用不能當三千人而常耗三萬人之畜邊郡之儲比於內郡其價不啻數倍以此權之則土兵可益而禁軍可損雖三尺童子知其無疑也陛下誠聽臣之謀臣請使禁軍之在內郡者勿復以戍邊因其老死與亡而勿復補使足以爲內郡之備而止去之以漸而行之以十年而冗兵之弊可去矣冗費之說曰世之冗費不

可勝計也請言其大與臣之所知者而陛下以類推之臣聞事有所必至恩有所必窮事至而後謀則害於事恩窮而後遷則傷於恩昔者太祖太宗輯睦九族以先天下方此之時宗室之衆無幾也是以合族於京師久而不別世歷五聖而太平百年矣宗室之盛未有過於此時者也祿廩之費多於百官而子孫之衆宮室不能受無親疎之差無貴賤之等自生齒以上皆養於縣官長而爵之嫁娶喪葬無不仰給於上日引月長未有知其所止者此亦事之所必至而恩之所必窮者也然而未聞所以謀而遷之古者天子七廟三昭三穆與太祖而七以人子之愛其親推而上之至於

其祖由祖而上至於百世宜無所不愛則宜無所不廟苟推其無
窮之心則百世之祖皆廟而後爲稱也聖人知其不可故爲之制
七廟之外非有功德則迭毀春秋之祭不與莫貴於天子莫尊於
天子之祖而廟不加於七何者恩之所不能及也何獨至於宗室
而不然臣聞三代之間公族有以親未絶而列於庶人者兩漢之
法帝之子爲王王之庶子猶有爲侯者自侯以降則庶子無復爵
土蓋有去而爲民者有自爲民而復仕於朝者至唐亦然故臣以
爲凡今宗室宜以親疏貴賤爲差以次出之使得從仕比於異姓
擇其可用而試之以漸凡其祿秩之數遷敘之等黜陟之制任子

無所不愛

之令與異姓均臨之以按察持之以寮吏威之以刑禁以時察之使其不才者不至於害民其賢者有以自效而其不任爲吏者則出之於近郡官爲廬舍而廩給之使得占田治生與士庶比今聚而養之厚之以不訾之祿尊之以莫貴之爵使其賢者老死鬱鬱而無所施不賢者居處隘陋戚戚而無以爲樂甚非計之得也昔唐武德之初封從昆弟子自勝衣以上皆爵郡王太宗卽位疑其不便以問大臣封德彝曰爵命崇則力役多以天下爲私奉非至公之法也於是疏屬王者降爲公夫自王而爲公非人情之所樂也而猶且行之今使之爵祿如故而獲治民雖有內外之異宜無

有怨者然臣觀朝廷之議未嘗敢有及此何者以宗室之親而布之於四方懼其啟姦人之心而生意外之變也臣竊以爲不然古之帝王好疑而多防雖父子兄弟不得尺寸之柄幽囚禁錮齒於匹夫者莫如秦魏然秦魏皆數世而亡其所以亡者劉氏項氏與司馬氏而非其宗室也故爲國者苟失其道雖胡越之人皆得謀之苟無其釁雖宗室誰敢覬者惟陛下蕩然與之無疑使得以次居外如漢唐之故此亦去冗費之一端也臣聞漢唐以來重兵分於四方雖有末大之憂而饋運之勞不至於太甚祖宗受命懲其大患而略其細故歛重兵而聚之京師根本既彊天下承命而服

然而轉漕之費遂倍於古凡今東南之米每歲遡汴而上以石計者至五六百萬山林之木盡於舟楫州郡之卒弊於道路月廩歲給之奉不可勝計往返數千里饑寒困迫每每侵盜雜以他物米之至京師者皆非全物矣由此觀之今世之法直以其力致之而不計其患非法之良者也臣願更爲之法舉今每歲所運之數而四分之其二卽用舊法官出船與兵而漕之凡皆如舊其一募六道之富人使以其船及人漕之而所過免其商稅能以若干至京師而無所欺盜敗失者以今三班軍大將之賞與之方今濱江之民以其船爲官運者不求官直盜取官之所入而不覆較者得其

羸以自潤而富民之欲仕者往往求爲軍大將以此推之宜有應募者其一官自置場而買之京師京師之兵當得米而不願者計其直以錢償之夫物有常數取之於南則不足於北捨之於東則有餘於西此數之必然而不可逃者也今官欲買之其始不免於貴貴甚則東南之民傾而赴之赴之者衆則將反於賤致賤必以貴致貴必以賤此亦必然之數也故臣願爲此二者與舊法皆立試其利害而較其可否必將有可用者然後舉而從之此又去冗費之一端也臣聞富國有道無所不卹者富之端也不足卹者貧之源也從其可卹而收之無所不收則其所存者廣矣從其無足

卹而棄之無所不棄則其所亡者多矣然而世人之議者則不然以爲天下之富而顧區區之用此有司之職而非帝王之事也此說之行於天下數百年於兹矣故天下之費其可已者常多於舊臣不敢遠引前世請言近歲之事自嘉祐以來聖人迭興而天下之吏京秩以上再遷其官天下郡守職司再補其親戚自治平京師之大水與去歲河朔之大震百役並作國有至急之費而郊祀之賞不廢於百官自橫山用兵供億之未定與京師流民勞徠之未息官私之困日不暇給而宗室之喪不候歲月而葬臣以此觀之知朝廷有無足卹之義臣誠知事之旣往無可爲者然苟自今

從其可卹而收之則無益之費猶可漸減此又去冗費之一端也
臣不勝拳拳私憂過計為是三冗之說以獻伏惟陛下恩深謀遠
聽斷詳盡於天下之事無所不矚臣之所陳何足言也然臣愚以
爲苟三冗未去要之十年之後天下將益衰耗難以復治陛下何
不講求其原而定其方略擇任賢俊而授之以成法使皆久於其
官而後責其成績方今天下之官泛泛乎皆有欲去不久之心侍
從之官逾年而不得代則皇皇而不樂今雖不能使之盡久然至
於諸道之職司三司之官吏沿邊之將佐此皆與天子共成事者
也天下之事將責成之而不久其任開其源者不見其流發其謀

者不見其成功此事之所以不得成也陛下誠擇人而用之使與二府皆久於其官人知不得苟免而思長久之計君臣同心上下協力磨之以歲月如此而三冗之弊乃可去也然而爲此猶有所患何者今世之士大夫惡同而好異疾成而喜敗事苟不出於己小有齟齬不合則羣起而諫之借如今使按察之官任其屬吏歲終而無過此其勢必將無所不按得罪者必將多於其舊然則天下之口紛然非之矣不幸而有一不當衆將羣指以罪法一不當不能動不幸而至於再三雖上之人亦將不免於惑衆人非之於下而朝廷疑之於上攻之者衆而持之者不堅則法從此敗矣益

世有耕田而以其耜殺人者或者因以耜田爲可廢夫殺人之可誅與耕田之不可廢此二事也安得以彼而害此哉故夫按人而不以其實者罪之可也而法之是非則不在此茍陛下誠以爲可行必先能破天下之浮議使良法不廢於中道如此而後三冗之弊可去也三冗既去（矣）天下之財得以日生而無害百姓充足府庫盈溢陛下所爲而無不成所欲而無不如意舉天下之衆惟所用之以攻則取以守則固雖有西戎北狄不臣之國宥之則爲漢文帝不宥則爲唐太宗伸縮進退無不在我今陛下不事其本而先舉其末此臣所以大惑也臣不勝憤懣越次言事雷霆之譴無所

逃遯臣轍誠惶誠恐稽首頓首謹書

上樞密韓太尉書

太尉執事轍生好為文思之至深以為文者氣之所形然文不可
以學而能氣可以養而致孟子曰我善養吾浩然之氣今觀其文
章寬厚宏博充乎天地之間稱其氣之小大太史公行天下周覽
四海名山大川與燕趙間豪俊交游故其文疏蕩頗有奇氣此二
子者豈嘗執筆學為如此之文哉其氣充乎其中而溢乎其貌動
乎其言而見乎其文而不自知也轍生十有九年矣其居家所與
游者不過其鄰里鄉黨之人所見不過數百里之間無高山大野
可登覽以自廣百氏之書雖無所不讀然皆古人之陳迹不足以

激發其志氣恐遂汩沒故決然捨去求天下奇聞壯觀以知天地之廣大過秦漢之故都恣觀終南嵩華之高北顧黃河之奔流慨然想見古之豪傑至京師仰觀天子宮闕之壯與倉廩府庫城池苑囿之富且大也而後知天下之巨麗見翰林歐陽公聽其議論之宏辯觀其容貌之秀偉與其門人賢士大夫游而後知天下之文章聚乎此也太尉以才略冠天下天下之所恃以無憂四夷之所憚以不敢發入則周公召公出則方叔召虎而轍也未之見焉且夫人之學也不志其大雖多而何爲轍之來也於山見終南嵩華之高於水見黃河之大且深於人見歐陽公而猶以爲未見太

尉也故願得觀賢人之光耀聞一言以自壯然後可以盡天下之大觀而無憾矣轍年少未能通習吏事嚮之來非有取於斗升之祿偶然得之非其所樂然幸得賜歸待選使得優游數年之間將歸益治其文且學爲政太尉苟以爲可教而辱教之又幸矣

欒城集卷之二十終

欒城集卷之二十一

宋眉山蘇轍子由著　明東吳王執禮子敬仝校　顧天叙禮初

上昭文富丞相書 名留文抄

轍西蜀之人行年二十有二幸得天子一命之爵饑寒窮困之憂不至於心其身又無力役勞苦之患其所任職不過簿書米鹽之間而且未獲從事以得自盡方其閑居不勝思慮之多不忍自棄以爲天子寬惠與天下無所忌諱而轍不於其強壯閑暇之時早有所發明以自致其志而復何事恭惟天子設制策之科將以待

天下豪俊魁壘之人是以輙不自量而自與於此蓋天下之事上自三王以來以至於今世其所論述亦已畧備矣而猶有所不釋於心夫古之帝王豈必多才而自爲之爲之有要而居之有道是故以漢高皇帝之恢廓慢易而足以吞項氏之強漢文皇帝之寛厚長者而足以服天下之姦詐何者任人而人爲之用也是以不勞而功成至於武帝材力有餘聰明睿智過於高文然而施之天下時有所折而不遂何者不委之人而自爲用也由此觀之則夫天子之責亦在任人而已竊惟當今天下之人其所謂有才而可大用者非明公而誰推之公卿之間而最爲有功列之士民之上

而最爲有德播之夷狄之域而最爲有勇是三者亦非明公而誰而明公實爲宰相則夫吾君之所以爲君之事蓋已畢矣古之聖人高拱無爲而望夫百世之後以爲明主賢君者蓋亦如是而可也然而天下之未治則果誰耶下而求之郡縣之吏則曰非我能上而求之朝廷百官則曰非我責明公之立於此也其又將何辭嗟夫蓋亦嘗有以秦越人之事說明公者歟昔者秦越人以醫聞天下天下之人皆以越人爲命越人不在則有病而死者莫不自以爲吾病之非眞病而死之非眞死也他日有病者焉遇越人而屬之曰吾捐身以子子子自爲子之才治之而無爲我治之也越

人曰嗟夫難哉夫子之病雖不至於死而難以愈急治之則傷子之四支而緩治之則勞苦而不肯去吾非不能去也而畏是二者夫傷子之四支而後可以除子之病則天下以我爲不工而病之不去則天下以我爲非醫此二者所以交戰於吾心而不釋也既而見其人其人曰夫子則知醫之醫而未知非醫之醫歟今夫非醫之醫者有所冒行而不顧是以能應變於無窮今子守法寄徵而用意於萬全者則是子猶知醫之醫而已天下之事急之則喪緩之則得而過緩則無及孔子曰道之難行也我知之矣知者過之不肖者不及也夫天下患於不知而又有知而過之者則是道

之果難行也昔者世之賢人患夫世之愛其爵祿而不忍以其身嘗試於艱難也故其上之人奮不顧身以摶天下之公利而忘其私在下者亦不敢自愛呼號紛譟以攻訐其上之短是二者可謂賢於天下之士矣而猶未免爲不知何者不知自安其身之爲安天下之人自重其發之爲重君子之勢而輕用之於尋常之事則是猶匹夫之亮耳伏自明公執政於今五年天下不聞慷慨激烈之名而日聞敦厚之聲意者明公其知之矣而猶有越人之病也輙讀三國志嘗見曹公與袁紹相持久而不決以問賈詡詡曰公明勝紹勇勝紹用人勝紹決機勝紹紹兵百倍於公公畫地而與

之相守半年而紹不得戰則公之勝形已可見矣而久不決意者顧萬全之過耳夫事有不同而其意相似今天下之所以仰首而望明公者豈亦此之故歟明公其畧思其說當有以解天下之望者不宣轍再拜

## 上曾參政書

名賢文粹一百七十六

轍聞之士不更變不可與圖遠新勝之家知得而不知喪知存而不知亡始若可喜而終不可久昔者轍讀書至秦誓而得之曰番番良士旅力既愆我尚有之仡仡勇夫射御不違我尚不欲夫昔之爲此言者蓋亦已知之矣孟明眎西乞術白乙丙此三人者秦

之豪俊有決之士而百里奚蹇叔子此秦之所謂老耄而不識者也穆公欲襲鄭孟明以爲可而蹇叔以爲不可則蹇叔之說無乃遠於事情而近於怯哉然而要其成敗得失之終而責其思慮之長短則蹇叔不可謂迂而孟明不可謂是也故曰如有一个臣斷斷兮無他技其心休休焉其如有容焉人之有技若已有之人之彦聖其心好之不啻如自其口出實能容之以保我子孫黎民尚亦有利哉嗟夫穆公至此而後知蹇叔之非庸人歟今夫立於百官之上而宰天下之事者亦何以其他技爲哉温良博愛而能容天下之士斯可矣徒者轍之東遊而明公適爲京兆當此之時明

公之聲上震於朝廷而下懾於閭里行道之人爲之不敢妄視盜賊屏息而不作可謂才有餘矣然至於參決大政而日韜其光務爲敦厚不欲以才蓋天下上承二公下揖百官周旋揖讓爲士大夫莫不雍容和穆以相與也嗟夫明公何以及此哉轍西蜀之匹夫往年偶以進士得與一命之爵今將爲吏崤黽之間閑居無事聞天子舉直言之士而世之君子以其山林朴野之人不知朝廷之忌諱其中無所隱蔽故以應詔而轍也復不自度量而言當世之事亦不敢爲莽鹵不詳之說其言語文章雖無以過人而其所論說乃有矯拂切直之過竊獨悲古者深言之人遭時之不瓣一

有所觸而其言不復見錄於世方今羣公在朝以君子長者自處而優容天下彥聖有技之士士之有言者可以安意肆志而無患然後知士之生於今者之爲幸而轍亦幸者之一人也素所爲文家貧不能盡致有歷代論十二篇上自三王而下至於五代治亂興衰之際可以槩見於此觀其畧可也

上兩制諸公書

轍讀書至於諸子百家紛紜同異之辯後世工巧組繡鑽研離析之學蓋嘗喟然太息以爲聖人之道譬如山海藪澤之與人之入於其中者莫不皆得其所欲充足飽滿各自以爲有餘而無慕乎

其外今夫班輸共工旦而操斧斤以遊其叢林取其大者以爲楹小者以爲桷圓者以爲輪挺者以爲軸長者擾雲霓短者蔽牛馬大者擁丘陵小者伏蓁莽芟夷蹶取皆自以爲盡山林之奇怪矣而獵夫漁師結網聚餌左強弓右毒矢陸攻則斃象犀水伐則執鮫鮀熊羆虎豹之皮毛黿鼉犀兕之骨革上盡飛鳥下及走獸昆蟲之類紛紛籍籍折翅捩足鱗鬣委頓縱橫滿前㓩登鼎俎膏潤砧几皮革齒骨披烈四出被於器用求珠之工隨候夜光間以纇玼磊落的皪充滿其家求金之工輝赫晃蕩鏗鏘交戛遍爲天下冠冕佩帶飲食之飾此數者皆自以爲能盡山海之珍然山海之

藏終滿而莫見其盡昔者夫子及其生而從之游者蓋三千餘人是三千人者莫不皆有得於其師是以從之周旋奔走逐於宋魯飢餓於陳蔡困厄而莫有去之者是誠有得乎爾也蓋顏淵見於夫子出而告人曰吾能知之子路子貢冉有出而告人亦曰吾知之下而至於邽巽孔忠公西輿公西箴此數子者門人之下第者也竊窺於道德之光華而有聞於議論之末皆以自得於一世其後田子方叚干木之徒講之不詳乃竊以爲虛無淡泊之說而吳起禽滑犛之類又似猖狂於戰國蓋夫子之道分散四布後之人得其遺波餘澤者至於如此而揚朱墨翟莊周鄒衍田駢愼到韓

非申不害之徒又不見夫子之大道皇皇惑亂譬如陷於大澤之陂荆榛棘茨蹊隧滅絶求以自致於通衢而不可得乃妄冒蒺藜蹈崖谷崎嶇繚繞而不能自止何者彼亦自以爲巳之得之也轍嘗怪古之聖人既巳知之矣而不遂以明告天下而著之六經六經之說皆微見其端而非所以破天下之疑惑使之一見而寤者是以世之君子紛紛至此而不可執也今夫易者聖人之所以盡天下剛柔喜怒之情勇敢畏懼之性而寓之八物因八物之相遇吉凶得失之際以教天下之趨利避害蓋亦如是而已而世之說者王氏韓氏至以老子之虚無京房焦貢至以陰陽災異之數言

詩者不言咏歌勤苦酒食燕樂之際極歡極感而不違於道而言
五際子午卯酉之事言書者不言其君臣之歡吁俞嗟歎有以深
感天下而論其費誓秦誓之不當作也夫孔子豈不知後世之至
此極歟其意以爲後之學者無所據依感發以自盡其才是以設
爲六經而使之求之蓋又欲其深思而得之也是以不爲明著其
說使天下各以其所長而求之故曰仁者見之謂之仁智者見之
謂之智而子貢亦曰在人賢者識其大者不賢者識其小者夫使
仁者効其仁智者効其智大者推明其大而不遺其小小者樂致
其小以自附於大各因其才而盡其力以求其至微至密之地則

天下將有終身於其說而無劒者矣至於後世不明其意患乎異說之多而學者之難明也於是舉聖人之微言而折之以一人之私意而傳疏之學橫放於天下由是學者愈怠而聖人之說益以不明今夫使天下之人因說者之異同得以縱觀博覽而辨其是非論其可否推其精麄而後至於微密之際則講之當益深守之當益固孟子曰君子深造之以道欲其自得之也自得之則居之安居之安則資之深資之深則取之左右逢其原故君子欲其自得之也昔者轍之始學也得一書伏而讀之不求其博而惟其書之知求之而莫得則反覆而思之至於終日而莫見而後退而求

其得何者懼其入於心之易而守之不堅也及旣長乃觀百家之
書從橫顛倒可喜可愕無所不讀泛然無所適從蓋晚而讀孟子
而後徧觀乎百家而不亂也而世之言者曰學者不可以讀天下
之雜說不幸而見之則小道異術將乘間而入於其中雖揚雄尚
然曰吾不觀非聖之書以爲世之賢人所以自養其心者如人之
弱子幼弟不當出而置之於紛華雜擾之地此何其不思之甚也
古之所謂知道者邪詞入之而不能蕩詖詞犯之而不能詐爵祿
不能使之驕貧賤不能使之辱如使深居自閉於閨闥之中兀然
頹然而曰知道知道云者此乃所謂腐儒者也古者伯夷隘柳下

惠不恭隘與不恭是君子之所不爲也而孔子曰伯夷叔齊不降其志不辱其身柳下惠少連降志而辱身言中倫行中慮虞仲夷逸隱居放言身中清廢中權而我則異於是無可無不可夫伯夷柳下惠是君子之所不爲而不棄於孔子此孟子所謂孔子集大成者也至於孟子惡鄉原之敗俗而知於陵仲子之不可常也美禹稷之汲汲於天下而知顔氏子自樂之非固也知天下之諸侯其所取之爲盜而知王者之不必盡誅也知賢者之不可召而知召之役之爲義也故士之言學者皆曰孔孟何者以其知道而已今轍山林之匹夫其才術技藝無以大過於中人而何敢自附於

孟子然其所以汎觀天下之異說三代以來興亡治亂之際而皎然其有以折之者蓋其學出於孟子而不可誣也今年春天子將求直言之士而轍適來調官京師舍人楊公不知其不肖取其鄙野之文五十篇而薦之俾與明詔之末伏惟執事方今之偉人而朝之名卿也其德業之所服聲華之所耀孰不欲一見以効薄技於左右夫其五十篇之文從中而下則執事亦既見之矣是以不敢復以爲獻姑述其所以爲學之道而執事試觀焉

轍

上劉長安書

轍聞之物之所受於天者異則其自處必高自處既高則必趯然

有所不合於世倫羣猛虎處於深山向風長鳴則百獸震恐而不敢出松栢生於高岡散柯布葉而草木爲之不殖非吾則爾拒而爾則不吾拉也故夫才不同則無朋而勢遠絶則失衆才高者身之累也勢與者衆之棄也昔者伯夷叔齊已嘗試之矣與其鄉人立以其冠之不正也舍而去之夫以其冠之不正也舍之而去則天下無乃無可與共處者耶舉天下而無可與共處則是其勢豈可以久也苟其勢不可以久則吾無乃亦將病之與其病而後反也不若其素與之之爲善也伯夷叔齊惟其往而不反是以爲天下之棄人也以伯夷之不吾屑而棄伯夷者是固天下之罪矣爾

以吾之絜清而不屑天下是伯夷亦有過耳古語有之曰大辯若訥大巧若拙何者懼天下之以吾辯而以辯乘我以吾巧而以巧困我故以拙養巧以訥養辯此又非獨善保身也亦將以使天下之不吾忌而其道可長久也今夫天下之士轍已畧觀之矣於此有所不足則於彼有所長於此有所蔽則於彼有所見其勢然矣仄聞執事之風明俊雄辯天下無有敵者而高亮剛果士之進於前者莫不振栗而自失退而仰望才業之輝光莫不逡巡而自愧蓋天下之士已大服矣而轍願執事有以少下之使天下樂進於前而無恐而轍亦得進見

答徐州陳師仲書二首

轍白陳君足下去年轍從家兄遊徐州君兄弟始以客來見一揖而退漠然不知君之胸中也既而聞之君之鄉人君力學行義不妄交遊既已中心異之及來南京又辱以所爲文爲贈讀之脩然以清追慕古人而無意於世俗心雖愛之然亦憂君之以是困於今世也今年春君西遊謀所以葬先子於朋友既而東歸貧不克舉書來告曰將改十七月且間所以爲葬嗟夫轍固知君之至於此也以君所爲行求今之人則其困也固宜雖然子而困子之守盡子之有斂手足形還葬此則曾子之所以葬其親也而何病詩

云凡民有喪匍匐救之有欲救之心而力不贍愧實在我而子何病今既七月矣惟自勉以禮不宣轍白

其二

棠惠書論詩許以五百篇爲惠既知所從學詩之人又知所以作詩之意五百篇雖未至然見此書已與見詩無異矣應掾言追於解府有書不能盡取即此詩是耶轍少好爲詩與家兄子瞻所爲多少略相若也子瞻既已得罪轍亦不復作詩然今世士大夫亦自不喜爲詩以詩名世者蓋無幾人間有作者尤足貴也故僕每得其所爲輙諷咏終日譬如新病喑人口不復歌聞有歌者猶能

手足舞蹈以自慰釋足下倘能以五百篇見惠耶苟有以慰我不必矜自口出也

答黃庭堅書（二書均名賢文粹抄）

轍之不肖何足以求交（友）於魯直然家兄子瞻與魯直往還甚久轍與魯直舅氏公擇相知不疎讀君之文誦其詩願一見者久矣性拙且懶終不能奉咫尺之書致慇懃於左右乃使魯直以書先之其爲愧恨可量也自廢棄以來頽然自放頑鄙愈甚見者往往嗤笑而魯直猶有以取之觀魯直之書所以見愛者與轍之愛魯直無異也然則書之先後不君則我未足以爲恨也比聞魯直吏事

之餘獨居而蔬食陶然自得蓋古之君子不用於世必寄於物以自遣阮籍以酒嵇康以琴阮無酒嵇無琴則其食草木而友麋鹿有不安者矣獨顔氏子飲水啜菽居於陋巷無假於外而不改其樂此孔子所以嘆其不可及也今魯直目不求色口不求味此其中所有過人遠矣而猶以問人何也聞魯直喜與禪僧語蓋聊以是探其有無耶漸寒比日起居甚安惟以時自重不宣

答徐州教授李昭玘書

轍啓女夫王君適自徐還錡承賜以長書伏讀愧歎無以爲喻自維愚拙加以罪廢平時學問捐棄不講譬如荒畦敗圃草棘狼籍

雖追維疇昔耘鉏之勤欲從容遊步其間而亦愀然自嫌不欲置足況夫通都大邑之人遍觀天下之巨麗心目廣大物難稱惬乃欲遊目縱覽究其有無豈有不嘻笑者哉伏惟君侯壯年篤學才節茂美文章僃發何意過聽如此然聞王君言出入學中逾年稍知旨趣所詣蓋耽悅至道忽忘世味每有超然絕俗之意聞轍被罪以來自知鄙陋歸耕之計慮之已熟不瞀其故遽以知道許之夫古之所謂知道者富貴不能淫貧賤不能憂夫豈如轍困躓而謀安者耶若夫收其精以治身而斥其土苴以惠天下此君侯之所當學也而亦何取於轍哉辱賜之厚不知所報謹奉啟陳謝伏惟照察不宣

上洪州孔大夫論徐常侍墳書

輙竊見故散騎常侍徐公鉉墳在公所治郡新建縣西山鸞岡原徐公沒于淳化辛卯迨今九十四年公無子故人奉新胡克順葬之胡氏昔為大家克順慕公高義春秋時祠墳未嘗廢克順死胡氏衰公之墳域荒蕪不治蓋有年矣聞自近歲民間利其林木至訟而爭之公所葬地本其先塋公家既無子孫契券亡失官遂籍沒其地伐其松梧以治屋宇行道知之往往為之掩泣竊惟南唐舊臣如公之比蓋無一二方陳覺馮延魯愚弄其主擅興甲兵喪師蹙國時無一人敢非之者公獨與韓熙載力陳其姦卒致其罪

及王師南討李氏危在朝夕公受命兵間不爲身計義動中國至今稱之葢公之大節落落如此雖使千載之後猶當推求遺跡以勸後來今沒未百年弃而不錄仁人君子豈其然哉伏唯明公家本先聖先中丞忠義忼慨氣節凛然公之行巳大方直繼前烈如徐公輩人譬之草木臭味不遠儻蒙矜念使孤墳遺魄不至侵暴祭祀稍存樵采不犯不惟南方士人拭目傾心將天下義士知有所勸轍言非所職干冒高明不勝戰越

欒城集卷二十一終

# 欒城集卷之二十二

宋眉山蘇轍子由著

明東吳王執禮子敬　顧天叙禮初　仝校

## 記九首

### 筠州聖祖殿記 有詩

維周制天下邑立后稷祠而唐禮州祀老子蓋二祖之德光配天地充塞海寓凡有社有民不可以弗饗旣以爲民祈福俾雨露之施無有遠邇亦以一民之望使知飲食作息皆上之賜粤維我聖祖功緒永遠肇自皇世超絶周唐逾千萬年威神在天靈德在下

祥符癸丑實始詔四方萬國咸建祠宮立位設像歲時朝謁因周
唐之故以教民順鈞故附庸豫章列爲成國維近匪遠吏民朴陋
野不達禮承命不蠲因仍故宮卽其東廂以建神位凡進見之禮
稽首東嚮更六十有九年弗葺弗新元豐三年二月臣維瞻受命
作守始至伏謁惕然不寍旣視事遂以言於朝度其宮之東得隙
土南北十有二筵東西九筵伐木於九峯逍遥之山四年八月始
庀工九月而告成耽耽其堂殖殖其庭神來顧享民以祗肅臣轍
適以謫來睹其終始乃拜手稽首爲詩六章章八句刻之祠廷之
石詩曰

上高縣學記

易直且修弗斲而堪新堂有嚴四星在南朝廷之儀萬民所祗章聞於朝帝曰俞哉弗改弗營何以示民九峯之杉道遥之栴失而不圖民以罔觀毛侯始來其則有意匪民之愚禮教實墜深山之間野水之濱禮樂聲明孰見孰聞祖廟之嚴君臣則存筠雖小邦其有不歆東廡西響誰昔營之民昏不知神以不懷羽衣玉佩旗纛旄節巍巍煌煌秩祀萬國如日在天靡國不臨禮失不知習爲舊常於穆聖祖宅神皇極降鑒在下子孫十億高安在南分自豫章重山複江魚鳥之鄉俗野不文吏亦怠荒

古者以學爲政擇其鄉閭之俊而納之膠庠示之以詩書禮樂揉而熟之既成使歸更相告語以及其父子兄弟故三代之間養老饗賓聽訟受成獻馘無不由學習其耳目而和其志氣是以其政不煩其刑不瀆而民之化之也速然考其行事非獨於學然也郊社祖廟山川五祀凡禮樂之事皆所以爲政而教民不犯者也故其稱曰政者君之所以藏身蓋古之君子正顏色動容貌出詞氣從容禮樂之間未嘗以力加其民民觀而化之以不逆其上其所以藏身之固如此至於後世不然廢禮而任法以鞭朴刀鋸力勝其下有一不順常以身較之民於是始悍然不服而上之人親受

其病而古之所以藏身之術亡矣子游爲武城宰以弦歌爲政曰吾聞之夫子君子學道則愛人小人學道則易使也夫使武城之人其君子愛人而不害其小人易使而不違則子游之政豈不綽然有餘裕哉上高筠之小邑介於山林之間民不知學而縣亦無學以詔民縣令李君懷道始至思所以導民乃謀建學宫縣人知其令之將教之也亦相帥出力以繕其事不逾年而學以具負亭有堂講勸有位退習有齋繕浴有舍邑人執經而至者數十百人於是李君之政不苛而民肅賦役獄訟不諉其府李君喜學之成而樂民之不犯知其爲學之力也求記其事告後以不廢予亦喜

李[illegible]之爲邑有古之道其所以得於民者非復世俗之吏也故爲書其實且以志上高有學之始元豐五年三月二十日眉山蘇轍記

京西北路轉運使題名記

惟京西於諸路地大且近西舉華洛北兼鄭滑南收陳許蔡汝唐鄧申息胡沈浸淫秦楚之交翕引河汴縈阻淮漢出入數千里土廣而民淳鬬訟簡少盜賊希濶外無蠻夷疆埸之虞內無兵屯饋饟之勞爲吏者常閒暇無事然其壤地瘠薄多曠而不耕戶口寡少多惰而不力故租使之入於他路爲最貧每歲均南饋北短長

相補以給軍吏之奉故轉運使之職於他路爲最急雖然事止於自治而無外憂財止於自足而無外奉則雖貧而可以爲富雖急而可以爲佚也熙寧之初朝廷始新政令其細布在州縣而其要領轉運使無所不總政新則吏有不知事遽則人有不辨當是時也轉運使奔走於外咨度於内日不遑食由是京西始判而鄭滑并於畿内自某某若干州爲南自某某若干州爲北南治襄陽北治洛陽殿中丞陳君知儉自始更制而提舉常平既而爲轉運判官復爲副使以領北道始終勞瘁寘功最力將刻名於石以貽厥後而顧瞻前人泯焉未紀乃按典籍以求遺放自開寶以來得若

干人而君之祖考伯父三人在焉嗚呼盛哉夫若干人者遠矣其詳不可得而知然其遺風餘澤故老猶有能道之者孟子有言誦其詩讀其書不知其人可乎是以論其世也若夫政之去取地之合離與其人之在是者後世將有考焉是以具載於此熙寧六年十月日記

齊州濼源石橋記

濼水之源發於城之西南山下北流爲堭其淺可揭城之西門跨而爲橋自京師走海上者皆道於其上每歲霖雨南山水潦暴作匯於城下橋不能支輒敗熙寧六年七月不雨明年夏六月乃雨

淫潦繼作橋遂大壞知歷城施君辯言於府曰水歲爲橋害請爲石橋以紓其役距城之東十五里有廢河敗堰焉其棄石鐵可取以爲用府用其言以告轉運使得錢二十七萬以具工廩之費取石於山取鐵於府取力於兵自九月至十一月而橋成民不知焉三跌二門安如丘陵蟄流循道不復爲虐方其未成也太守李公日至於城上視其工之良窳與其役之勞佚而勸相之知歷城施君實具其材兵馬都監張君用晦實董其事橋之南五里有大溝焉屬於四澗以殺暴水之怒久廢不治於是疏其堙塞築其鈌而完之橋之西二十步有溝焉居民裴氏以石壅之而屋於其上水不得洩則橋受其害亦使去之皆如其

舊而止又明年水復至橋遂無患從事蘇轍言曰橋之役雖小也然異時郡縣之役其利與民共者其費得量取於民法令寬簡故其功易成今法嚴於郵民一切仰給於官官不能盡辦郡縣欲有所建其功比舊實難非李公之老於爲政與二君之敏於臨事橋將不就夫橋之役雖小然其勞且難成於舊則倍不可不記也遂爲之記

## 光州開元寺重修大殿記

古之循吏因民而施政有餘者損之不足者與之與其所欲而廢其所患苦順其風俗之宜而吾無作焉故文翁治蜀立之學官龔

遂治渤海督之耕牛衛颯治桂陽教之嫁娶茨充代颯誨之織屨此四人者非其強民也民之所欲而莫爲之勸盻盻相視不能以自致非得賢長吏以時挈持而振理之使之得其所願以相生養則民至老死不見風俗之備然而蜀之學官施於齊魯之邦則玩渤海之耕牛試於邠郚之野則厭衛之嫁娶茨之織屨行之華夏之國亦未免於非且笑也故爲治者亦觀其俗乘其時使民宜之蓋無所必爲亦無所必置也弋陽郡居長淮之西地僻而事少田良而民富朝散大夫彭城曹公受命作守因俗爲政安而不擾誅其豪強而佑其善良民化服之始至訪其士民問其所欲爲咸曰

吾郡既庶且富，所不足者非財也，而浮屠老子之宮室貌象庳陋廢圮，民不信嚮，父兄竊議，以不若四鄰爲愧，而莫或先也。公曰：是無難也。民所不欲，吾不敢爲，苟誠欲之，不成非患也。乃召其徒而語之，故民勸其令，相帥從事，不三年而有成。天慶道士治三清、北極、聖祖諸殿，清淨嚴肅，朝謁有所；而開元僧明偕新其大殿，趨功勤力，先告工具，棟楹峻峙，瓦甓緻密，爲佛菩薩衆像，尊嚴盛麗，儼若在世。士女和會，耋孺咸喜，稽首祈福，如慰如慕。蓋殿始作於至道丙申，而復新於元豐癸亥，中間寂寥八十八年，然後民獲就其志。嗚呼！循吏之疏闊而政之難成，其久如此。明偕知民之悅，故以

告於公請記其事而刻諸石公以書來屬余余考之循吏傳以爲當書故記之不辭五月初五日記

筠州聖壽院法堂記

高安郡本豫章之屬邑居溪山之間四方舟車之所不由水有蛟鼉野有虎豹其人稼穡漁獵其利粳稻竹箭楩枬茶楮民富而無事然以其嶮且遠也士之行乎當時者不至於其間元豐三年余以罪遷焉既至幸其風氣之和飲食之良飽食而安居忽焉不知嶮遠之爲患然以有罪故法不得釋官而遊間獨取郡之圖書考其風俗人物之舊然後信其宜爲余之居也昔東晉太寧之間道

士許遜與其徒十有二人散居山　能以術救民疾苦民尊而化之至今道士比他州爲多至於婦人孺子亦喜爲道士服唐儀鳳中六祖以佛法化嶺南再傳而馬祖興於江西於是洞山有价黄蘗有運眞如有愚九峯有虔五峯有觀高安雖小郡而五道場在焉則諸方遊談之僧接迹於其地至於以禪名精舍者二十有四此二者皆他方之所無予乃以罪故得兼而有之余既少而多病壯而多難行年四十有二而視聽衰耗志氣消竭夫多病則與學道者宜多難則與學禪者宜旣與其徒出入相從於是吐故納新引挽屈伸而病以少安照了諸妄還復本性而憂以自去洒然不

知網罟之在前與桎梏之在身孰知夫嶮遠之不爲予安而流徙之不爲予幸也哉然郡之諸山近者數十里遠者數百里皆非余所得往獨聖壽者近在城東南隅每事之間輒往遊焉其僧省聰本綿竹人少治講說晚得法於浙西本禪師聽其言亹亹不勌郡人有吳智訥者治生有餘輒盡之於佛既爲僧堂之後室又爲聰治其法堂皆極壯麗凡材甓金漆皆具於智訥堂成聰以余遊之亟也求余爲記余亦喜聰之能以其法助余也遂爲記其略四年六月十七日

## 廬山棲賢寺新修僧堂記

元豐三年余得罪遷高安夏六月過廬山知其勝而不敢留留二日涉其山之陽入棲賢谷谷中多大石岌嶪相倚水行石間其聲如雷霆如千乘車行者震掉不能自持雖三峽之嶮不過也故其橋曰三峽渡橋而東依山循水水平如白練橫觸巨石匯爲大車輪流轉洶湧窮水之變院據其上流右倚石壁左俯流水石壁之趾僧堂在焉狂峯怪石翔舞於簷上杉松竹箭橫生倒植葱蒨相糾每大風雨至堂中之人疑將壓焉問之習廬山者曰雖茲山之勝棲賢蓋以一二數矣明年長老智遷使其徒惠遷謁余於高安曰吾僧堂自始建至今六十年矣瓦敗木朽無以待四方之客惠

遷能以其勤力新之完壯邃密非復其舊願爲文以志之余聞之求道者非有飲食衣服居處之求然使其飲食得充衣服得完居處得安於以求道而無外擾則其爲道也輕此古之達者所以必因山林築室廬蓄蔬米以待四方之遊者而二遷之所以寘力而不懈也夫士居於塵垢之中紛紜之變日遘於前而中心未始一日忘道況乎深山之崖野水之垠有堂以居有食以飽是非榮辱不接於心耳而忽焉不省也哉孔子曰朝聞道夕死可矣今夫驕鶩乎俗學而不聞大道雖勤勞没齒余知其無以死也苟一日聞道雖即死無餘事矣故余因二遷之意而以告其來者夫豈無人

爭哉四年五月初九日眉陽蘇轍記

杭州龍井院訥齋記 有詞

錢塘有大法師曰辯才初住上天竺山以天台法化吳越吳越人歸之如佛出世事之如養父母金帛之施不求而至居天竺十四年有利其富者迫而逐之師忻然捨去不以爲懟吳越之人涕血而從之者如歸市天竺之衆分散四去事聞於朝明年俾復其舊師黽俛而還如不得已吳越之人爭出其力以成就廢缺衆復大集無幾何師告其衆曰吾雖未嘗爭也不幸而立於爭地久居而不去使人以己是非彼非沙門也天竺之南山山深而木茂泉甘而石峻汝舍我我將老於是言已策杖而往以茅竹

自覆聲動吳越人復致其所有鑱崄堙圮築室而奉之不期年而荒榛巖石之間臺觀飛湧丹堊炳煥如天帝釋宮師自是謝事不復出入高郵秦觀太虛名其所居曰訥齋道潛師參寥屬予爲記予聞之師始以法教人叩之必鳴如千石鐘來不失時如滄海潮故人以辯名之及其退居此山閉門燕坐寂嘿終日葉落根榮如冬枯木風止浪靜如古澗水故人以訥名之雖然此非師之大全也彼其全者不大不小不長不短不垢不淨不辯不訥而又何以名之雖然樂其出而高其退喜其辯而貴其訥此衆人意也則其以名齋也亦宜系之以詞曰

以辯見我　既非見我　以訥見我　亦幾於妄　有叩而應

時止而止　非辯非訥　如如不動　諸佛既然　我亦如是

齊州閔子廟記

歷城之東五里有丘焉曰閔子之墓墳而不廟秩祀不至邦人不寧守土之吏有將舉焉而不克者熙寧七年天章閣待制右諫議大夫濮陽李公來守濟南越明年政修事治邦之耆老相與來告曰此邦之舊有如閔子而不廟食豈不大闕公雖不知苟知之其有不飭公曰噫信其可以緩於是鳩工爲祠堂且使春秋修其常事堂成具三獻焉籩豆有列儐相有位百年之廢一日而舉學士大夫觀禮祠下咨嗟涕洟有言曰惟夫子生於亂世周流齊魯宋衞之間無所不仕其弟子之高第亦咸仕於諸國宰我仕齊子貢

再有子游仕魯季路仕衞子夏仕魏弟子之仕者亦衆矣然其稱
德行者四人獨仲弓嘗爲季氏宰其上三人皆未嘗仕季氏嘗欲
以閔子爲費宰閔子辭曰如有復我者則吾必在汶上矣且以夫
子之賢猶不以仕爲汙也而三子之不仕獨何歟言未卒有應者
曰子獨不見夫適東海者乎望之茫洋不知其邊卽之汗漫不測
其深其舟如蔽天之山其帆如浮空之雲然後履風濤而不僨觸
蛟蜃而不讋若夫以江河之舟楫而跨東海之灘則亦十里而返
百里而溺不足以經萬里之害矣方周之衰禮樂崩弛天下大壞
而有欲救之譬如涉海有甚焉者今夫夫子之不顧而仕則其舟

楫足恃也諸子之汲汲而忘返蓋亦有陋舟而將試焉則亦瞻其

力之所及而已矣若夫三子願爲夫子而未能下顧諸子而以爲

不足爲也是以止而有待夫子嘗曰世之學柳下惠者未有若魯

獨居之男子吾於三子亦云衆曰然退而書之遂刻于石

欒城集卷二十二終

# 欒城集卷之二十三

宋眉山蘇轍子由著　　明東吳王執禮子敬　顧天敘禮初仝校

## 記九首

### 王氏清虛堂記

王君定國爲堂於其居室之西前有山石瓌奇琬珍之觀後有竹林陰森冰雪之植中置圖史百物而名之曰清虛日與其遊賢士大夫相從於其間嘯歌吟詠舉酒相屬油然不知日之既夕凡遊於其堂者蕭然如入於山林高僧逸人之居而忘其京都塵土之

鄉也或曰此其所以爲清虛者耶客曰不然凡物自其濁者視之則清者爲清自其實者視之則虛者爲虛故清者以濁爲汙而虛者以實爲礙然而皆非物之正也蓋物無不清亦無不虛者雖泥塗之渾而至清存焉雖山石之堅而至虛存焉夫惟清濁一觀而虛實同體然後與物無匹而至清且虛者出矣今夫王君生於世族棄其綺紈膏粱之習而跌蕩於圖書翰墨之囿沉酣縱恣洒然與衆殊好至於鍾王虞褚顏張之逸迹顧陸吳盧王韓之遺墨雖然前陳贖之傾囊而不厭慨乎思見其人而不得則既與世俗遠矣然及其年日益壯學日益篤經涉世故出入患禍顧疇昔之好

知其末離乎累也乃始發其箱篋出其玩好投以與人而不惜將曠焉黜去外累而獨求諸內意其有眞清虛者在焉而未之見也王君浮沉京師多世外之交而又娶於梁張公氏張公超達遠騖體乎至道而順乎流俗君嘗試以吾言問之其必有得於是矣熙寧十年正月八日記

吳氏浩然堂記

新喻吳君志學而工詩家有山林之樂隱居不仕名其堂曰浩然曰孟子吾師也其稱曰我善養吾浩然之氣吾竊喜焉而不知其說請爲我言其故余應之曰子居於江亦嘗觀於江乎秋雨時至

溝澮盈滿衆水既發合而爲一汪濊淫溢充塞坑谷然後滂洋東流蔑洲渚乘邱陵肆行而前遇木而木折觸石而石隕浩然物莫能支子嘗試考之彼何以若此浩然也哉今夫水無求於深無意於行得高而渟得下而流忘已而因物不爲易勇不爲嶮怯故其發也浩然放乎四海古之君子平居以養其心足乎內無待乎外其中潢漾與天地相終始止則物莫之測行則物莫之禦富貴不能淫貧賤不能憂行乎夷狄患難而不屈臨乎死生得失而不懼蓋亦未有不浩然者也故曰其爲氣也至大至剛以直養而無害則塞乎天地今余將登子之堂舉酒相屬擊槁木而歌徜徉乎萬

物之外子信以爲能浩然矣乎元豐四年七月九日眉山蘇轍記

黃州師中庵記

師中姓任氏諱伋世家眉山吾先君子之友人也故余知其爲人嘗通守齊安去而其人思之不忘故齊安之人知其爲吏師中平生好讀書通達大義而不治章句性任俠喜事故其爲吏通而不流猛而不暴所至吏民畏而安之不能欺也始爲新息令知其民之愛之買田而居新息之人亦曰此吾故君也相與事之不替及來齊安常遊於定惠院院去郡人名其亭曰任公其後余兒子瞻以謫遷齊安人知其與師中善也復於任公亭之西爲師中庵曰

師中必來訪子將館於是明年三月師中沒於遂州郡人聞之相與哭於定惠者凡百餘人飯僧於亭而祭師中於庵蓋師中之去於是十餘年矣夫吏之於民有取而無予有罰而無恩去而民忘之不知所怨蓋已爲善吏矣而師中獨能使民思之於十年之後哭之皆失聲此豈徒然者哉朱仲卿爲桐鄉嗇夫有德於其民死而告其子必葬我桐鄉後世子孫奉嘗我不如桐鄉民既而桐鄉祠之不絕今師中生而家於新息沒而齊安之人爲亭與庵以待之使死而有知師中其將往來於新息齊安之間乎余不得而知也元豐四年十二月日眉山蘇轍記

## 南康直節堂記

南康太守聽事之東有堂曰直節朝請大夫徐君望聖之所作也庭有八杉長短鉅細若一直如引繩高三尋而後枝葉附之岌然如揭太常之旗如建承露之莖凜然如公卿大夫高冠長劒立於王廷有不可犯之色堂始爲軍六曹吏所居杉之陰府史之所蹲伏而簿書之所塡委莫知貴也君見而憐之作堂而以直節命焉夫物之生未有不直者也不幸而風雨撓之巖石軋之然後委曲隨物不能自保雖竹箭之良松栢之堅皆不免於此惟杉能遂其性不扶而直其生能傲冰雪而死能利棟宇者與竹栢同而以直

過之求之於人蓋所謂不待文王而興者耶徐君温良汎愛所居以循吏稱不爲皦察之政而行不失於直觀其所說而其爲人可得也詩曰惟其有之是以（原本脫簡）

洛陽李氏園池詩記 原本脱簡

太子少保趙公詩石記

高安太守朝請大夫毛公與資政殿大學士太子少保趙公里人也。公始以老歸故鄉，大夫適方家居，與公出入相從，爲山林之遊，朝夕無間。公好爲詩，而大夫以詩自名，遇其得意，輒以詩相屬。元豐三年，大夫來守高安，簿書期會非其意也，間與客語，有歸歟之歎，曰：要當從公於松石之間，逍遥以忘吾老。時又出公之詩以夸其坐人。公詩清新律切，筆迹勁麗，蕭然如其爲人，蓋老而益精，不見衰憊之氣卒然觀之不知其頹老之爲也轍昔少年始見公於成都中見公於京師其容晬然以溫其氣肅然以淸十年之間富貴煒燁談笑於廊廟而其所以爲公者湛然無毫髮之異自不見公今又十餘年間而聞之公之鄉人見之公之詩書其風力骨骼有加而無損亦與始見無異然後知公之所以過人者遠甚蓋人必有不可變者然皆汨沒於塵垢與物流轉而不返於是索然茫然與髮皆白與齒皆落忽然失之而不自知也若夫公之不可變者轍亦安足識之蓋亦見其見於外者而已大夫將刻公詩於石而屬轍爲記

東軒記

余既以罪謫監筠州鹽酒稅未至大雨筠水泛溢蔑南市登北岸敗刺史府門鹽酒稅治舍俯江之漘水患尤甚既至敝不可處乃告於郡假部使者府以居郡憐其無歸也許之歲十二月乃克支其欹斜補其圮缺闢聽事堂之東爲軒種杉二本竹百個以爲宴休之所然鹽酒稅舊以三吏共事余至其二人者適皆罷去事委于一晝則坐市區鬻鹽沽酒稅豚魚與市人爭尋尺以自効莫歸筋力疲廢輒昏然就睡不知夜之既旦旦則復出營職終不能安於所謂東軒者每旦莫出入其旁顧之未嘗不啞然自笑也余昔

少年讀書竊嘗怪以顏子簞食瓢飲居於陋巷人不堪其憂顏子不改其樂私以爲雖不欲仕然抱關擊柝尚可自養而不害於學何至困辱貧窶自苦如此及來筠州勤勞鹽米之間無一日之休雖欲弃塵垢解羈縶自放於道德之塲而事每劫而留之然後知顏子之所以甘心貧賤不肯求斗升之祿以自給者良以其害於學故也嗟夫士方其未聞大道沉酣勢利以玉帛子女自厚自以爲樂矣及其循理以求道落其華而收其實從容自得不知夫天地之爲大與死生之爲變而況其下者乎故其樂也足以易窮餓而不怨雖南面之王不能加之蓋非有德不能任也余方區區欲

磨洗濁汙睎聖賢之萬一自視缺然而欲庶幾顏氏之福宜其不可得哉若夫孔子周行天下高爲魯司寇下爲乘田委吏惟其所遇無所不可彼蓋達者之事而非學者之所望也余既以譴來此雖知桎梏之害而勢不得去獨幸歲月之久世或哀而憐之使得歸復田里治先人之敝廬爲環堵之室而居之然後追求顏氏之樂懷思東軒優游以忘其老然而非所敢望也

# 武昌九曲亭記

子瞻遷於齊安廬於江上齊安無名山而江之南武昌諸山陂陁蔓延澗谷深密中有浮圖精舍西曰西山東曰寒谿依山臨壑隱蔽松櫪蕭然絕俗車馬之迹不至每風止日出江水伏息子瞻杖策載酒乘漁舟亂流而南山中有二三子好客而喜游聞子瞻至幅巾迎笑相攜徜徉而上窮山之深力極而息埽葉席草酌酒相勞意適忘反往往留宿於山上以此居齊安三年不知其久也然將適西山行於松栢之間羊腸九曲而獲少平遊者至此必息倚怪石蔭茂木俯視大江仰瞻陵阜旁矚溪谷風雲變化林麓向背

皆效於左右有廢亭焉其遺址甚狹不足以席衆客其旁古木數十其大皆百圍千尺不可加以斤斧子瞻每至其下輒睥睨終日一旦大風雷雨拔去其一斥其所據亭得以廣子瞻與客入山視之笑曰茲欲以成吾亭耶遂相與營之亭成而西山之勝始具子瞻於是最樂昔余少年從子瞻遊有山可登有水可浮子瞻未始不褰裳先之有不得至爲之悵然移日至其翩然獨往逍遥泉石之上擷林卉拾澗實酌水而飲之見者以爲仙也蓋天下之樂無窮而以適意爲悦方其得意萬物無以易之及其既厭未有不灑然自笑者也譬之飲食雜陳於前要之一飽而同委於臭腐夫孰

以有樂於是也

知得失之所在惟其無愧於中無責於外而始寓焉此乎瞻之所

纂卷之二十三